böhlau

Nathan Marcus

Das Opfersyndrom

Was Österreich aus der Zwischenkriegszeit lernen kann

BÖHLAU

ZukunftsFonds der Republik Österreich
Stadt Wien Kultur

Veröffentlicht mit freundlicher Unterstützung durch:
Zukunftsfonds der Republik Österreich
Kulturabteilung der Stadt Wien

Bibliografische Information der Deutschen Nationalbibliothek:
Die Deutsche Nationalbibliothek verzeichnet diese Publikation in der Deutschen Nationalbibliografie; detaillierte bibliografische Daten sind im Internet über https://portal.dnb.de abrufbar.

Umschlagabbildung: „Das Testament." Quelle: Österreichische Nationalbibliothek. Die Bombe. Illustrierte Wochenschrift, 15. Juni 1921, S. 1

Korrektorat: Lektorat Buckreis, Regensburg
Einbandgestaltung: Michael Haderer, Wien
Satz: Michael Rauscher, Wien
Druck und Bindung: CPI Print, Ulm
Gedruckt auf chlor- und säurefreiem Papier
Printed in the EU

Vandenhoeck & Ruprecht Verlage | www.vandenhoeck-ruprecht-verlage.com
E-Mail: info@boehlau-verlag.com

ISBN 978-3-205-21892-0 (Print)
ISBN 978-3-205-21893-7 (E-Book)
ISBN 978-3-205-21894-4 (ELib)

Für Batsheva

Inhalt

Das Opfersyndrom

Die Erstausstrahlung von *Der Herr Karl* im ORF am 15. November 1961 löste in Österreich einen Skandal aus. Im einstündigen Monolog bekennt sich dabei der sechzigjährige Herr Karl zur Mitgliedschaft bei der Nationalsozialistischen Volkswohlfahrt, gesteht, seinen jüdischen Nachbarn zum Trottoirputzen abgeführt zu haben und als Luftschutz-Blockwart selbst mit dem Führer zusammengetroffen zu sein. Der Skandal rührte daher, dass die Schöpfer dieser inzwischen zur Wiener Ikone avancierten Figur, Carl Merz und Helmut Qualtinger, den opportunistischen Protagonisten dazu benutzten, Österreichs mangelnde Mitverantwortung am Nationalsozialismus anzuprangern. Merz und Qualtinger schlugen mit ihrem Herrn Karl erste Risse in den österreichischen Opfermythos, den breiten Nachkriegskonsens, wonach Österreicher von 1938 bis 1945 nicht etwa Mittäter, sondern Opfer nationalsozialistischer Aggression gewesen seien sollen. Rückblickend präsentiert sich der Herr Karl nämlich als ein Opfer des Dritten Reichs und meint: „Existenzen wurden damals aufgebaut, Gschäften arisiert. Häuser, Kinos! I hab nur an Juden g'führt. I war ein Opfer." Aber der Herr Karl positioniert sich nicht nur als Opfer der Nationalsozialisten, sondern will schon davor gelitten haben. Erst rühmt er sich eines aktiven Liebeslebens und ist stolz, „nicht umsonst" dagewesen zu sein, dann verlangt er aber Verständnis als Leidtragender und Geschädigter. Die Erste Republik sei eine „schreckliche," „traurige" und eine „furchtbare Zeit" gewesen, die Frauen hatten ihn „bitter enttäuscht", er habe noch immer „furchtbare Träume", führe einen „Lebenskampf" und sei gesundheitlich angeschlagen. Kurz, der Herr Karl leidet unter dem Opfersyndrom, der beinahe zwanghaften Tendenz, sich stets als Opfer zu sehen und zu präsentieren, um so sein Fehlverhalten zu beschönigen und von den Mitmenschen Sympathie einzufordern.[1]

1 Carl Merz und Helmut Qualtinger: Der Herr Karl, München: Langen-Müller 1962.

Opfermythos und Opfersyndrom sind nicht dasselbe. In Österreich war bis zu Beginn der Waldheimdebatte 1986 der Opfermythos weit verbreitet, wonach die meisten Österreicher Opfer der Nationalsozialisten gewesen waren. Über die Geschichte dieses, seither mehrheitlich überwundenen Mythos, ist bereits viel geschrieben worden. Er entsprang der sogenannten Moskauer Deklaration von 1943, einer Erklärung der Alliierten, in der sie bewusst Österreich als erstes Opfer des Naziregimes kategorisierten. Nach 1945 verhalf eine solche Selbstdarstellung unter anderem zu politischem Frieden zwischen Österreichs verfeindeten politischen Parteien und kreierte einen Diskurs, der es Tätern und den wahren Opfern erlaubte, miteinander oder doch zumindest nebeneinander zu leben. Die Debatte um Kurt Waldheim Ende der 1980er Jahre, welcher nach seinen eigenen Worten während des Zweiten Weltkriegs nichts anderes als seine „Plicht erfüllt" habe, löste dann aber in der österreichischen Geschichtsschreibung den Paradigmenwechsel aus, so dass man im politischen und öffentlichen Diskurs seither von österreichischer Mitschuld spricht. Die Zustimmung, die der Anschluss an das Dritte Reich in Österreich genossen hatte, die groben antisemitischen Ausschreitungen vom März 1938, die darauffolgenden Arisierungen und die Beteiligung von Österreichern an den nationalsozialistischen Gewaltverbrechen werden seither nicht mehr in Frage gestellt. Kaum ein Österreicher wird heute noch behaupten wollen, dass Österreich 1938 zum ersten Opfer des Nazi-Faschismus wurde.

Das Opfersyndrom jedoch lebt weiter. Wenn auch der Opfermythos aus den Schulbüchern, den historischen Ausstellungen, den Festreden und Gedenkveranstaltungen verschwunden ist, hat er doch lange genug in Österreich gewirkt, um anhaltende Spuren zu hinterlassen. Der Opfermythos, welcher jahrzehntelang die österreichische Selbstauffassung dominierte, verhinderte nämlich nicht nur den ehrlichen Selbstumgang mit der nationalsozialistischen Vergangenheit, sondern sabotierte auch die Geschichtsschreibung über Österreichs Erste Republik. Um den falschen Mythos Österreichs als Opfer der deutschen Nationalsozialisten aufrecht zu halten und glaubhaft zu machen, war es dienlich gewesen, auch das Österreich der 1920er Jahre als Opfer ausländischer Großmächte zu präsentieren. Politiker, Historiker und nicht zuletzt die Schulbücher erkrankten am Opfersyndrom und betonten nicht nur Österreichs komplette Hilfs- und Aussichtslosigkeit nach dem Ersten Weltkrieg, sondern schoben darüber hinaus hauptsächlich Großbritannien, Frankreich oder dem Völkerbund die Schuld dafür zu. Diese Fehlansichten blieben auch nach der Waldheimdebatte und trotz der Zerschlagung des Opfermythos populär. Demnach fiel Österreich zwar nicht mehr Nazideutschland zum Opfer, aber dennoch der neuen Weltordnung nach dem Ersten Weltkrieg.

Dieses Buch will das Opfersyndrom, also die pathologische Neigung vieler Österreicherinnen und Österreicher, sich und ihr Land vornehmlich als Opfer zu verstehen, dadurch behandeln, indem es aufzeigt, wie sehr eine solche Auffassung den historischen Fakten der Zwischenkriegszeit widerspricht. Wie die folgenden Kapitel darlegen werden, genoss Österreich nach dem Ersten Weltkrieg nicht nur die Sympathie und Unterstützung des Auslandes. Seine Politiker nutzten auch die neue Stellung als Kleinstaat zu ihrem Vorteil und zeigten dabei politisches Geschick und Initiative. Wenn trotz beindruckender wirtschaftspolitischer und auch sozialer und kultureller Erfolge die Republik am Ende dem Austrofaschismus verfiel, tun wir gut daran, die dafür Verantwortlichen im Inland zu suchen und nicht den Rahmenbedingungen, welche Jahre zuvor durch die Großmächte bestimmt wurden, die Schuld zuzuweisen.

Allen voran trugen Österreichs Politiker nach 1945 mit der Schöpfung des Opfermythos auch zu einem breiteren Opferdiskurs bei, demzufolge die Siegermächte die Erste Republik von Anfang an zum Scheitern verurteilt hatten. Karl Renner, der es eigentlich besser hätte wissen müssen, schrieb schon 1953, dass die Völkerbundaktion von 1922 den Staat in eine „Provinz des Völkerbundes" verwandelt habe, und bekräftigte seine Auffassung dahingehend, es sei „kaum mehr eine autonome Provinz, sondern eher ein Protektorat" gewesen.[2] Auch als sich 1968 die Gründung der Ersten Republik zum fünfzigsten Mal jährte, beklagte Bundeskanzler Josef Klaus im offiziellen Festband, der „Einfluss der Großmächte" habe Österreich zu einem „Marionettendasein" verdammt.[3] Zwar schlug der Beitragsband zur Parlamentsausstellung anlässlich des 90. Jubiläums einen anderen Ton an, aber als 2018 ein Festband zu 100 Jahren Republik erschien, schrieb Bundespräsident Heinz Fischer, die Erste Republik sei eine „amputierte, kaum lebensfähige, von den Siegermächten selbstherrlich und herablassend behandelte Republik" gewesen und lastete die Schuld für die immer größer werdende Kluft zwischen den politischen Lagern dem von „den Siegern des Weltkriegs diktierten" Friedensvertrag an.[4]

Auch die österreichischen Medien stärkten diesen Diskurs. Der Journalist Hellmut Andics publizierte 1962 seine Fortsetzungsserie aus der Wiener Tageszeitung *Die Presse* unter dem Titel *Der Staat, den keiner wollte*. Laut Andics war das „Rumpfgebilde" Österreich durch die Friedensverträge „zu einem Leben als ‚Rest' verdammt" und zum „Arbeitssklaven der Sieger" gemacht worden.[5] In der breiteren Bevölkerung stärkte aber nicht zuletzt die erfolgreiche, zwölfteilige Filmdokumentation von Hugo Portisch, *Österreich I.*, ab 1989 den Opferdiskurs über die Erste Republik. Portisch zufolge spielte das „unglückliche externe Umfeld" eine wichtige Rolle bei ihrem Untergang, denn durch die unzumutbaren Konditionen, welche

---

2 Karl Renner: Österreich von der ersten zur zweiten Republik, Wien: Verlag der Wiener Volksbuchhandlung 1953, S. 57.

3 Josef Klaus: 50 Jahre Republik Österreich, in: 1918–1968. Österreich – 50 Jahre Republik, Institut für Österreichkunde (Hg.), Wien: Verlag Ferdinand Hirt 1968, S. 7.

4 Stefan Karner und Lorenz Mikoletzky: Österreich. 90 Jahre Republik. Beitragsband der Ausstellung im Parlament, Innsbruck, Wien, Bozen: StudienVerlag 2009; Heinz Fischer: Vorwort, in: Heinz Fischer (Hg.): 100 Jahre Republik, Meilensteine und Wendepunkte in Österreich 1918–2018, Wien: Czernin Verlag 2018, S. 7.

5 Hellmut Andics: Der Staat, den keiner wollte. Österreich von der Gründung der Republik bis zur Moskauer Deklaration, Wien: Molden-Taschenbuch-Verlag 1976, S. 14 und S. 54.

der Völkerbund, Großbritannien und Frankreich Österreich aufgezwungen hätten, seien Bürgerkrieg und Ende der Demokratie unabwendbar geworden.[6] Auch für das breitere Publikum bestimmt, erschien im nächsten Jahr beim österreichischen Bundesverlag der illustrierte Geschichtsband *Der ungeliebte Staat – Österreich zwischen 1918 und 1938*. Darin bezichtigte der vielgeachtete Historiker Friedrich Weissensteiner die „internationale Finanzwelt" des Gewinnspiels und unredlichen Profits bei der Völkerbundanleihe von 1923.[7] Ähnlich hieß es auch in dem im Jahr 2007 erschienenen, anschaulichen *Bildatlas zur österreichischen Zeitgeschichte 1918–1931*. Dessen Autor, langjähriger Kollege und Mitarbeiter von Hugo Portisch, behauptete, die Völkerbundintervention habe Österreichs Demokratie und Unabhängigkeit geschwächt, denn „weder Paris noch London kümmerte die Not Österreichs," und deren Anschlussverbot ließ dem Land, außer des „Weiterwurstelns mit Auslandskrediten," keine Alternative.[8]

Sogar Österreichs prominenteste Historiker verfielen dem Opfersyndrom. Heinrich Benedikt, Professor für Geschichte der Neuzeit an der Universität Wien, schrieb als Herausgeber der 1954 erschienenen *Geschichte der Republik Österreich*, die Erste Republik sei nie unabhängig gewesen, denn sie habe unter „der Kontrolle des Völkerbundes" gestanden. Und diesem „typischen Beispiel einer Machtpolitik in Verkleidung" entsprechend sei Österreich damals eigentlich unter alliierte Verwaltung und ab 1934 unter italienische „Kuratel" gekommen.[9] Auch der österreichische Historiker Arnold Suppan war Mitte der 1990er Jahre noch immer der Ansicht,

6 Hugo Portisch und Sepp Riff: Österreich I. Die unterschätzte Republik. Ein Buch zur gleichnamigen Fernsehdokumentation, Wien: Kremayr & Scheriau 1989, S. 217–222.

7 Friedrich Weissensteiner: Der ungeliebte Staat. Österreich zwischen 1918 und 1938, Wien: ÖBV 1990, S. 117–118.

8 Wilhelm J. Wagner: Bildatlas der österreichischen Zeitgeschichte 1918–1938, Wien: Böhlau 2007, S. 118–123.

9 Heinrich Benedikt: Geschichte der Republik Österreich, München: Oldenbourg 1954, S. 11.

die Erste Republik sei, außer von Juli 1928 bis Mai 1931, der außenpolitischen Handlungsfreiheit beraubt, und ständig vom Ausland abhängig gewesen.[10] Erst die Analysen von Historikern wie Ernst Hanisch oder Anton Pelinka suchten die Schuld für Österreichs Probleme der Zwischenkriegszeit nicht mehr im Ausland und betonten stattdessen die destabilisierende Wirkung, die vom Fehlen einer gefestigten, nationalen Identität oder republikanischen Kultur ausgegangen war.[11]

Einer der wichtigsten Beiträge zur Aufrechterhaltung des Diskurses über die Opferrolle Österreichs zwischen den Weltkriegen leistete zweifelslos der Geschichtsunterricht an Österreichs Schulen. Das 1952 beim österreichischen Bundesverlag erschienene *Lehrbuch der Geschichte* beurteilte zwar die Völkerbundintervention, welcher „Österreich seine wirtschaftliche Lebensfähigkeit" verdankte, noch positiv.[12] Aber *Zeiten, Völker und Kulturen* von 1972 beklagte bereits die Bürde der Schuldenzahlungen an die Siegermächte als auch „beträchtliche wirtschaftliche Opfer", welche die Bevölkerung habe auf sich nehmen müssen, um die Völkerbundanleihe zu erhalten.[13] Vor dem Krieg hatte die österreichische *Va-*

10 Arnold Suppan: Jugoslawien und Österreich 1918–1938. Bilaterale Außenpolitik im europäischen Umfeld (Veröffentlichungen des österreichischen Ost- und Südosteuropa-Instituts XIV), Wien: Verlag für Geschichte und Politik 1996, S. 117–221, hier S. 117.

11 Ernst Hanisch: Einleitung. Das politische System Erste Republik. Zwei Erklärungsmodelle, in: Emmerich Talos u. a. (Hg.): Handbuch des politischen Systems Österreichs. Erste Republik 1918–1933, Wien: Manz Verlag 1995, S. 1–7, hier S. 5; Ernst Hanisch: Der Lange Schatten des Staates. Österreichische Gesellschaftsgeschichte im 20. Jahrhundert, Wien: Ueberreuter 2005, S. 263–309; Anton Pelinka: Die gescheiterte Republik, Wien: Böhlau 2017.

12 Franz Heilsberg und Friedrich Korger: Lehrbuch der Geschichte für die Oberstufe der Mittelschulen. Allgemeine Geschichte der Neuzeit von der Mitte des 19. Jahrhunderts bis zur Gegenwart, Wien: Verlag Ed. Hölzel, Österreichischer Bundesverlag 1952, S. 134.

13 Franz Berger und Norbert Schausberger: Zeiten, Völker und Kulturen. Geschichte des 20. Jahrhunderts. Lehrbuch der Geschichte und Sozialkunde für die Oberstufe der allgemeinbildenden höheren Schulen, Wien: Österreichischer Bundesverlag für Unterricht, Wissenschaft und Kunst 1972, S. 58.

terlandskunde von 1938 ganz anders geklungen und stattdessen korrekt darauf hingewiesen, dass Österreich erst einen Aufschub bewilligt bekommen hätte, bevor Anfang 1930 die Reparationszahlungen ganz erlassen worden seien.[14] Aber auch das Lehrmittel *Zeitgeschichte*, welches ebenfalls 1972 erschien, klagte, dass Österreich keine ausländische Kredite habe erhalten können, bis England und Frankreich die „direkte Kontrolle der österreichischen Finanzwirtschaft" erhielten, und sah in der Völkerbundoperation, welche nur die Staats-, aber nicht die Volkswirtschaft kuriert habe, die Ursache der ständigen Auseinandersetzungen zwischen den politischen Parteien.[15]

Auch im nationalsozialistischen *Geschichtsbuch für die deutsche Jugend* von 1942 hat es bereits geheißen, dass Frankreich und England ausländische Anleihen benutzt hätten, um Österreichs Zusicherung gegen den Anschluss zu erpressen.[16] Aber trotz Österreichs Auseinandersetzung mit seinem Opfermythos klang es in österreichischen Schulbüchern auch nach der Waldheimdebatte noch immer ähnlich. *Zeitbilder* von 1995 führte Steuererhöhungen und Arbeitslosigkeit der Ersten Republik auf den Völkerbund zurück und betonte, Ursache der politischen Radikalisierung sei wiederum die katastrophale Wirtschaftslage gewesen.[17] Ab 2005 lernten österreichische Schüler aus *Gestern – heute – morgen* sogar, dass die Alliierten „Lebensmittellieferungen als Druckmittel" verwendeten, um Österreich zur „Hinnahme der harten Bedingungen des Friedensvertrages zu zwingen," wobei die Völkerbundanleihe der „Be-

---

14 Alois Hinner, u. a.: Vaterlandskunde. Geschichte, Geographie und Bürgerkunde Österreichs für die achte Klasse der Mittelschulen, Wien: Hölder-Pichler-Tempsky 1938, S. 183.

15 Walter Göhring und Herbert Hasenmayer: Zeitgeschichte. Ein approbiertes Lehr- und Arbeitsbuch für Geschichte und Sozialkunde. Unter wissenschaftlicher Beratung von Ludwig Jedlicka, Wien: Verlag Ferdinand Hirt 1972, S. 55.

16 Bernhard Kumsteller, Ulrich Haacke und Benno Schneider: Geschichtsbuch für die deutsche Jugend, Leipzig: Verlag von Quelle & Meyer 1943, S. 223.

17 Alois Scheucher u. a.: Zeitbilder. Geschichte und Sozialkunde 7. Von Beginn des Industriezeitalters bis zum Zweiten Weltkrieg, Wien: ÖBV Pädagogischer Verlag 1995, S. 41.

völkerung beträchtliche wirtschaftliche Opfer" auferlegt und dem Staat „nationale Souveränitätsrechte" genommen habe.[18] Und das 2013 erschienene *Zeitfenster* beschrieb die Lage Österreichs nach dem Ersten Weltkrieg als „aussichtslos" und sein wirtschaftliches und politisches Leben als prekär „am seidenen Faden" hängend.[19] Erst mit dem 2018 erschienen *Go! Geschichte Oberstufe 7* wurde die Völkerbundaktion in österreichischen Schulen im internationalen Kontext eingebettet und mit ähnlichen Operationen in Ungarn und anderen Ländern verglichen.[20]

Österreichs Historiker, Politiker und Hochschullehrer haben in den bald drei Jahrzenten seit der Waldheimdebatte den Opfermythos Stück für Stück abgetragen. Österreich bekennt sich als Staat offiziell zu der Verantwortung, die ihm aus den Jahren der Naziherrschaft zukommt. Aber als Syndrom wirkt der Opfermythos weiter. Zu lange hat er sich in Österreich behaupten können und dabei die Selbstauffassung als Opfer in anderen Zusammenhängen bestärkt. Zu vielen Generationen wurde beigebracht, Österreich sei in der Zwischenkriegszeit Opfer der Siegermächte, des Völkerbunds oder der Auslandsbanken gewesen. Von einem solchen Geschichtsbild geprägt, sehen sich viele Österreicherinnen und Österreicher auch heute als Opfer stärkerer Mächte, was die fortwährenden Wahlerfolge der FPÖ miterklären mag. Im Vorfeld der Nationalratswahlen von 2024, bei denen die FPÖ zum ersten Mal stimmenstärkste Partei wurde, ermittelte Meinungsforscher Peter Hajek, FPÖ-Wähler fühlten sich vornehmlich als unzufriedene Opfer. Mehr als andere Österreicher fanden sie sich gegenüber Ausländern benachteiligt, verspürten sie Angst vor Verlust ihrer Kulturidentität und sahen sie sich, zum Beispiel als Autofahrer, vom

18 Oskar Achs, Eva Tesar und Manfred Scheuch: Gestern – heute – morgen. Aus Geschichte lernen. Nach dem Lehrplan 2004. Das 20. Jahrhundert, Wien: Österreichischer Bundesverlag 2005, S. 37.

19 Johannes Brzobohaty u. a.: Zeitfenster. Geschichte und Sozialkunde/Politische Bildung für die 7. Klasse AHS. (2. Aufl.), Wien: Ed. Hölzel 2013, S. 61.

20 Franz Melichar u. a.: GO! Geschichte Oberstufe 7, Wien: E. Dorner, Westermann 2018, S. 62.

Staat mit Steuern und Verboten zu Unrecht drangsaliert.[21] Nach wie vor ist also in Österreich die Selbstwahrnehmung nicht weniger Wähler durch das Opfersyndrom geprägt, welches somit auch weiterhin wichtige politische Entwicklungen mitbeeinflussen kann.

Dieses Buch will versuchen, Österreichern und Österreicherinnen dabei zu helfen, die Zwischenkriegsgeschichte ihres Landes, und vielleicht dadurch auch ihre eigene Familiengeschichte, nicht mehr als die eines Opfers mächtiger Kräfte und Herrschaften zu verstehen. Im Folgenden soll am Beispiel dreier Episoden aufgezeigt werden, dass in diesen schwierigen Zeiten Österreichs Politiker, Wirtschaftsfunktionäre und Diplomaten nicht nur viel Geschick und Initiative bewiesen, sondern dass das Ausland und der Völkerbund ihnen dabei auch tatkräftig und hilfreich unter die Arme gegriffen haben. Hyperinflation, Völkerbundkontrolle und der Zusammenbruch der Österreichischen Credit-Anstalt sind Schlüsselmomente in der Geschichte der Ersten Republik, die bereits alle als skandalöse Affären dargestellt worden sind, in denen die alliierten Siegermächte England und Frankreich ihre Machtposition zu Ungunsten Österreichs schamlos ausspielten. Aber dies entspricht nun mal nicht den historischen Tatsachen. Vielmehr handelte es sich damals um Situationen, in denen es Österreich gelang, dank ausländischer Unterstützung große finanzielle Herausforderungen zu meistern. Dass das Resultat nicht immer allen gefallen konnte, liegt auf der Hand. Wichtig dabei ist aber, dass die Verantwortung für Erfolg und Misserfolg bei den österreichischen Politikern und Bankiers lag. Österreicherinnen und Österreicher waren weder Opfer des ausländischen Finanzkapitals noch wurden sie von den Alliierten absichtlich geschädigt. Mit dieser späten Anerkennung liegt aber auch die Verantwortung für die Umsetzung der Teilerfolge, nämlich ob sie genutzt wurden, um Wirtschaft und Demokratie langfristig zu festigten, auch nicht beim Ausland, son-

21 Walter Müller und Conrad Seidl: Warum Wähler die FPÖ mögen, online: Der Standard, 20. Mai 2024, online: https://www.derstandard.at/story/3000000220634/warum-w228hler-die-fp214-m246gen (1. Juni 2025).

dern in Österreich und bei den damals dafür verantwortlichen Österreichern selbst.

1. Das Sterben der Krone

Mit Unterzeichnung des Vertrags von Saint-Germain-en-Laye am 10. September 1919 entstand die Erste Österreichische Republik. Der neue Kleinstaat hatte zwar viel gemeinsam mit der untergegangenen Donaumonarchie, aber doch waren die Unterschiede nicht zu übersehen. Wien, welches immer noch Hauptstadt war, hatte ungefähr ein Zehntel seiner Einwohner verloren, und im 1. Bezirk Innere Stadt war der Bevölkerungsschwund sogar doppelt so hoch. Die meisten Mitglieder des Kaiserhauses waren im Exil, der Aristokratie war das Tragen ihrer noblen Titel untersagt. Im Rathaus hatte eine sozialistische Stadtregierung die konservative Christlich-Soziale Magistratur abgelöst und damit begonnen, aus der ehemaligen kaiserlichen Residenzstadt ein rotes Prunkstück der Arbeiterklasse zu schmieden. Als endlich im Jahre 1923 die Neue Burg, über vierzig Jahre nach Baubeginn, vollendet wurde, konnten Wiener die Festsäle im „Hofburgflügel gegen den Kaisergarten" sogar für öffentliche Veranstaltungen mieten.[1]

Auch Österreich selbst war geschrumpft. Nur sechzig Prozent der deutschsprachigen Bevölkerung der österreichischen Reichshälfte der ehemaligen Doppelmonarchie war noch in der neuen Republik zuhause, der Rest verblieb in Gebieten, welche der Tschechoslowakei, Italien oder Polen zugesprochen wurden, so dass nun ein ganzes Drittel der 6,5 Millionen österreichischen Staatsbürger in Wien lebte. Zwar erbte der neue Staat einen überproportionalen Anteil der Konzerne und Industrieanlagen der Monarchie, aber die Landwirtschaft produzierte weit weniger als vor dem Krieg. Viele Absatzmärkte und Zulieferer lagen zudem im neuen Ausland, und die gesamte Kohlezufuhr, die wichtigste Energiequelle damals, musste aus der Tschechoslowakei importiert wer-

1 Wiener Sonn- und Montags-Zeitung, 8. Oktober 1923, S. 2–3.

den. Und zu alledem kam der Zerfall der Währung, das Sterben der österreichischen Krone.[2]

Es lässt sich leicht verstehen, weshalb die herkömmliche Geschichtsschreibung Österreich als ein Opfer der Siegermächte nach dem Ersten Weltkrieg darstellte. Als Verliererin des Krieges wurden der Republik die neuen Staatsgrenzen diktiert. Das Land erschien vielen als wirtschaftlich lebensunfähig und die Verantwortung dafür wurde den alliierten Siegermächten angelastet. Im Jahre 1920 belieferten diese Österreich mit Mehl und anderen Lebensmitteln auf Kredit, und dennoch waren über 300.000 hilfsbedürftige Stadtkinder täglich auf die karitative Verpflegung durch ausländische Hilfsorganisationen angewiesen. Der nahezu unaufhaltsame Wertverfall der österreichischen Krone wirkte unter solchen Umständen auf viele als das Symptom der miserablen Wirtschaftslage und nicht etwa als Ursache der Misere.

Aber Österreich, oder besser die konservative österreichische Regierung, welche ab November 1920 die Staatsgeschäfte lenkte, war alles andere als ein tatenloser Beobachter am Rande des Weltgeschehens. Vielmehr bemühten sich die verschiedenen Kabinette, eine Auslandsanleihe zu bekommen, um der Hyperinflation Einhalt zu bieten. Und diese kam am Ende nicht trotz der alliierten Siegermächte zu Stande, sondern vielmehr in Folge des Einsatzes ausländischer Bankiers und Finanzexperten und nicht zuletzt der Funktionäre des Völkerbundes in Genf. Wenn sich die Realisierung dieser Sanierungsanleihe immer wieder gefährlich hinauszögerte, so war die Ursache dafür nicht den ausländischen Geldgebern, sondern, wie wir sehen werden, vor allem den österreichischen Regierungen zuzuschreiben. Und auch wenn Bundeskanzler Ignaz Seipel sich später damit brüstete, der Hyperinflation ein Ende bereitet zu haben, so geht der Ruhm für diesen Verdienst vielmehr an eine pro-

2 Norbert Schausberger: Österreich und die Friedenskonferenz. Zum Problem der Lebensfähigkeit Österreichs nach 1918, in: Isabella Ackerl u. Rudolf Neck (Hg.): Saint-Germain 1919, München: Oldenbourg 1989, S. 229–263.

visorische Völkerbunddelegation, welche Ende 1922 mehrere Monate in Wien weilte.

Die österreichische Hyperinflation

Definiert als eine Inflationsrate von mehr als 50 Prozent im Monat, sind Hyperinflationen ein modernes Phänomen. Ohne eine auf Hochtouren laufende Geldpresse und den Umlauf von Papiergeld kann es gar keine Hyperinflation geben. Wohlgemerkt, die österreichische Inflationsrate überstieg den 50-Prozentwert nur während weniger Monate, und zwar von Juni bis Dezember 1921 und dann wieder von Juni bis August 1922, aber dies reichte aus, den Wert der Krone auf das 15.000-Fache zu reduzieren. Nach der von Lenin heraufbeschworenen sowjetischen Hyperinflation im Jahre 1919 war die österreichische in den Jahren 1921 und 1922 wohl die erste Hyperinflation in einer westlichen Demokratie. In der Bevölkerung verursachte sie daher umso mehr Verunsicherung und Angst um die Zukunft und so wundert es auch nicht, dass die damaligen Wirtschafts- und Finanzexperten sich nicht einig werden konnten, wie dem Währungsverfall am besten beizukommen sei.[3]

Walther Federn und Gustav Stolper, die beiden Herausgeber des renommierten *Österreichischen Volkswirt*, verorteten die Ursache der Preisanstiege im Handelsdefizit. Da der Wert der Importe den der Exporte weit überstieg, herrsche ein dauernder Nachfrageüberschuss nach Devisen, was zum Währungsverfall führe, welcher sich letztendlich im Anstieg der Preise manifestiere. Langfristig müsse Österreich mehr produzieren oder weniger konsumieren, um das Loch in der Handelsbilanz zu schließen und der Hyperinflation Herr zu werden. Kurzfristig könne die Regierung durch die Einführung höherer Steuern und einer Herabsetzung der Reallöhne den

3 Nathan Marcus: Hyperinflation as a catalyst of transformations. Path dependence through accelerated dynamics in post-First World War Austria, in European Review of History: Revue Européenne d'histoire, 23 (2016) 4, S. 595–609.

Konsum senken und damit Abhilfe schaffen. Sollten die Österreicher jedoch vor der Verarmung verschont werden, so Stolper und Federn, so wäre, angesichts dieser strukturellen Ursachen der Hyperinflation, der Anschluss an Deutschland die einzige wirksame Lösung.[4]

Jegliche Annäherung an Deutschland war aber auf Grund der Friedensverträge, welche einen Zusammenschluss ohne Zusage des Völkerbundes unterbanden, politisch ausgeschlossen. Staatsbeamte suchten deshalb eine andere Lösung und fanden die Ursache der Hyperinflation nicht beim Außenhandel, sondern im staatlichen Haushaltsdefizit, welches weiterhin mit frischen Kronennoten gedeckt wurde. Dies war kein strukturelles Problem, sondern eines, welches mit einer großen ausländischen Anleihe temporär behoben werden konnte, so lange, bis Reformen des Staatshaushalts das Defizit auf immer beseitigten. In den Augen dieser regierungsnahen Finanzexperten war Österreich durchaus lebensfähig, nicht minder als zum Beispiel die kleinere, aber reichere Schweiz. Die Regierung bemühte sich daher um die Erlangung ausländischer Darlehen in Form langfristiger Kredite oder durch die Emission einer großen Staatsanleihe auf ausländischen Kapitalmärkten.

Ob die Zunahme des Geldangebotes vornehmlich auf ein strukturelles Handelsdefizit oder ein zeitweiliges Budgetdefizit zurückging, die plötzlichen und enormen hyperinflationären Preisschübe konnte keine der beiden Auslegungen erklären. In den Monaten, in welchen die Inflation 50 Prozent im Monat überstieg und sogar 100 Prozent erreichte, stieg das Geldangebot nicht viel mehr als während anderer Monate. Und als im Jahre 1922 die Krone endlich aufhörte, an Wert zu verlieren, waren weder Handelsdefizit noch Budgetdefizit verschwunden und auch das Geldangebot wuchs vorerst weiter. In Wahrheit waren die eigentlichen Auslöser der hyperinflationären Schübe, wie der holländische Zeitzeuge Jan van

---

4 Gustav Stolper: Anschlussverbot und Völkerbundhilfe, in: Der Österreichische Volkswirt, 13 (1921) 30.

Walré de Bordes in seiner 1924 publizierten Doktorarbeit aufzeigte, nämlich vor allem psychologischer Natur.[5] Es waren die raschen Kursstürze auf den Währungsmärkten, oft durch pessimistische Gerüchte oder risikofreudige Spekulanten ausgelöst, welche den hyperinflationären Schüben zu Grunde lagen. Und weil alle Kronenbesitzer den zukünftigen Kaufwert der Währung an ihrem Wechselkurs maßen, führte ein Kurssturz automatisch dazu, dass Konsumenten höhere Preise nicht bloß erwarteten, sondern durch ihre eiligen Hamsterkäufe geradezu selbst herbeiführten.

Sechzig Jahre später erklärte der zukünftige Nobelpreisträger Thomas Sargent, dass die spekulativen Kapitalflüsse, welche diesen Wechselkursschwankungen zu Grunde gelegen hatten, vornehmlich auf die zu- und abnehmende Staatsschuld reagierten.[6] Die österreichischen Tageszeitungen publizierten allwöchentlich die Höhe der österreichischen Schatzscheine, gegen die sich die Regierung frische Banknoten lieh. Es war weniger die Zunahme des Geldumlaufs, auf welche Währungsspekulanten und besorgte Sparer ihre Aufmerksamkeit richteten, vielmehr fürchteten sie die zunehmende Verschuldung des Staates. Als die erste Welle der Hyperinflation zwischen Juni und Dezember 1921 den Realwert der Staatsschuld auf ein Fünftel herabgedrückt hatte, stabilisierte sich die Krone auch wieder fürs Erste. Und kurz bevor die zweite Welle im Juni 1922 einsetzte, hatte der Realwert der Staatsschuld sich bereits wieder verdreifacht.

Dem Versagen der Regierung, dem Loch im Staatshaushalt Herr zu werden, wäre somit die Hauptschuld an der österreichischen Hyperinflation zuzuschreiben. Die sterbende Krone war nicht das Opfer der Währungsspekulanten oder struktureller Handelsdefizite, sondern in erster Linie das Produkt fehlenden politischen Willens. Seit den Wahlen im Oktober 1920 regierten die konservativen

5 Jan van Walré de Bordes: The Austrian Crown. Its Depreciation and Stabilization, London: P. S. King 1924.

6 Thomas Sargent: The Ends of Four Big Inflations, in: Robert E. Hall (Hg.): Causes and Effects, Chicago: University of Chicago Press 2009, S. 41–97.

Christlich-Sozialen in Koalition mit den Großdeutschen, doch taten diese sich schwer, effektiv die Steuern zu erhöhen oder die Staatsausgaben zu senken. Der Großteil des Defizits wurde nämlich durch die indexierten Gehälter der Staatsangestellten und die Subvention von Nahrungsmitteln verursacht. Diese zu kürzen, war politisch unvorteilhaft, besonders wenn sich die Schuld dafür viel einfacher auf die wirtschaftlich ungünstigen und durch die aufgezwungenen Friedensverträge herbeigeführten Umstände, oder auf unpatriotische Spekulanten zuückführen ließ.

Die Kreditsuche

Österreich und seine Krone waren also nicht wirklich Opfer der Finanzmärkte. Und wenn die Regierungen auch nicht genug taten, um das Budgetdefizit zu verkleinern, so bemühten sie sich umso mehr um ausländische Finanzhilfe. Der Zerfall der Währung war dabei sogar förderlich, denn er machte eine inländische Anleihe unmöglich und somit die ausländische zur einzigen Alternative. Eine solche verzögerte sich jedoch immer wieder, vor allem deshalb, weil die österreichische Regierung zwar gerne das Geld wollte, aber im Gegenzug wenig dafür zu tun bereit war. Als im Herbst 1922 endlich eine Einigung mit dem Völkerbund erreicht wurde, war dies dem unermüdlichen Einsatz ausländischer Politiker zu verdanken. Trotzdem brauchte es danach noch die wiederholten Interventionen von Völkerbunddelegierten in Wien, um die Notenpresse vollends zu stoppen und die Gefahr einer Rückkehr der Hyperinflation zu bändigen.

Die Verhandlungen um eine ausländische Anleihe, welche sich von 1921 bis 1922 hinzogen, hatten drei große Hürden zu bewältigen. Erstens hatte Österreich keine Vermögenswerte, um eine Anleihe zu garantieren, da alles Staatseigentum auf Grund der Friedensverträge vorläufig für allfällige Reparationen verpfändet war (für die Österreich aber letztendlich nie zur Kasse gebeten wurde). Zweitens waren sich Finanzexperten einig, dass der Anleihedienst von ausländischen Staaten garantiert werden müsste, damit sich auch wirklich Käufer fänden. Und zuletzt wäre eine Form der Finanzkontrolle notwendig, um den laufenden Staatshaushalt, v. a. die Einnahmen aus Tabak und Zöllen, mit denen der Kredit zurückbezahlt werden sollte, zu überprüfen. Ein erster Plan des französischen Ministers Louis Loucheur anfangs 1920 schlug daher eine Anleihe von $40 Millionen und eine Kontrolle durch die Reparationskommission vor. Den Engländern war aber die Reparationskommission zu umstritten und eine unpolitische Kontrolle durch die Privatbanken, welche die Anleihe herausgeben sollten, lieber.[7]

Im März 1921 reiste Österreichs erster Bundeskanzler, der christlich-soziale Michael Mayr, nach London, wo er dem Allied Supreme Council erklärte, dass trotz Steuererhöhungen und der Einführung einer Kapitalsteuer die Staatsausgaben weiterhin die Einnahmen überstiegen und sein Land daher einen Auslandskredit in Höhe von $55 Millionen benötige. Mayr war zwar bereit, die Zolleinnahmen und Erträge des Tabakmonopols für die Bedienung einer solchen Anleihe zu verpachten, aber eine Kontrolle durch ausländische Banken hielt er für ausgeschlossen. Wenn er jedoch mit leeren Händen nach Wien zurückkehrte, warnte der Bundeskanzler, würden die Staatsangestellten in den Streik treten und den gesamten Staatsapparat lahmlegen. Da nun eine direkte Kontrolle durch die Alliierten mit ihren unterschiedlichen Interessen auch Schwierigkeiten bereiten musste, schlug der englische Schatzmeister Austen Chamberlain vor, die Kontrolle dem Völkerbund zu übertragen.[8]

7 Britisches Nationalarchiv, London: British Secretary's Notes of an Allied Conference Held in the Salle de l'Horloge, Quai d'Orsay, Paris, 25. Januar 1921, T160/57/2; Völkerbundarchiv, Genf: Conseil Suprême, Comité pour l'Autriche, Procès-verbal, 25. Januar 1921, League of Nations Secretariat, Economic and Financial Section, Section files, Miscellaneous, International Credits – Economic situation in Austria, S143/93/2.

8 Archiv der Republik, Wien: Bericht des Bundesministers für Finanzen über die Londoner Reise, 28. März 1921, Bundesministerium für Finanzen, Departement 17 / Frieden, Karton 67; Britisches Nationalarchiv, London: British Secretary's Draft Notes of a Meeting of Financial Experts, 12. März 1921, T160/57/3.

Bereits seit dem 19. Jahrhundert legten bankrotte Staaten im Gegenzug für ein ausländisches Darlehen die Kontrolle über gewisse Staatseinnahmen ab. Zum Beispiel vergab 1875 das Osmanische Reich die Administration wichtiger Steuereinnahmen an ein ausländisches Komitee, und Griechenland tat 1897 dasselbe, um einen neuen Bankkredit zu erhalten.[9] Die ausländischen Geldgeber erhielten so Einfluss auf die Finanzgebarung und nutzen diesen nicht immer ausschließlich zum Vorteil der Schuldnerstaaten. So ging etwa in Ägypten oder Tunesien die Finanzkontrolle der späteren Kolonisierung voraus. Gerade deshalb war Chamberlains Idee, die Kontrolle dem Völkerbund zu übertragen, erfolgversprechend, denn als internationale Organisation vertrat dieser nicht die Interessen einzelner, konkurrierender Staatsmächte, sondern war politisch neutral und dazu beauftragt, die Souveränität einzelner Staaten zu schützen. Erst 1920 ins Leben gerufen, war der Völkerbund selbst erpicht darauf, seine Nützlichkeit unter Beweis zu stellen, und so notierte ein Völkerbundfunktionär im Februar 1921, die österreichische Krise sei ein Problem, welches es dem Völkerbund wirklich erlaube, „etwas positives zu tun."[10]

Zu Ostern 1921 trafen sich die Mitglieder des Finanzkomitees des Völkerbundes in Paris. Diese waren sich einig, dass, um die österreichische Währung zu stabilisieren, die verpfändeten staatlichen Vermögenswerte zur Sicherung der Anleihe freigegeben und der österreichische Staatshaushalt ausgeglichen werden müssten. Auch bräuchte es eine neue Nationalbank, welche nicht mehr neue Noten drucke.[11] Eine dreiköpfige Delegation begab sich daraufhin

9 Korinna Schönhärl: Finanziers in Sehnsuchtsträumen. Europäische Banken und Griechenland im 19. Jahrhundert, Göttingen: Vandenhoeck & Ruprecht 2017, S. 345–346.

10 „Austria is a real opportunity for the League to do something positive, but we must act with considerable caution." Völkerbundarchiv, Genf: The League and Austria, 7. Februar 1921, League of Nations Secretariat, Economic and Financial Section, Section files, Miscellaneous, International Credits – Economic situation in Austria, S143/93/2.

11 Völkerbundarchiv, Genf: Conditions attached to the grant of credits to Austria,

für acht Tage nach Wien. Ihr gehörten an: der britische Banker Sir Drummond Fraser, der dänische Bankier Emil Glückstadt und der französische Finanzexperte Joseph Avenol. Nach einer langen Reihe von Interviews teilte das Trio dem österreichischen Finanzminister seine Ansicht mit: Eine Anleihe sei notwendig, aber um diese erfolgreich an den Markt zu bringen, brauche es einen glaubhaften Plan zur Behebung des Haushaltsdefizits.[12] Zwei Wochen später präsentierte die Regierung, mit Unterstützung aller Parteien, ihren Vorschlag, welcher auf einer Absetzung der Lebensmittelsubventionen und Erhöhung der Steuern ruhte. Bundeskanzler Mayr bestätigte erneut, dass im Gegenzug für eine ausländische Anleihe seine Regierung bereit sei, einer fremden Kontrollkommission die Aufsicht über verpfändete Staatseinnahmen abzugeben.[13]

Aber die Aufhebung der Pfandrechte war nicht so einfach. Sie sicherten nämlich nicht bloß die Zahlung eventueller Kriegsreparationen, an die sowieso kaum jemand glaubte, sondern auch die Begleichung alliierter Reliefkredite von über $110 Millionen, mit denen Österreich 1919 und 1920 seinen Import von Lebensmitteln bezahlt hatte. Zwar bestätigten der französische und der britische Delegierte im Mai 1921 in der Sitzung des Finanzkomitees des Völkerbunds, dass ihre Regierungen vorschlugen, die Pfandrechte aufzuheben, um einen Vorschuss auszuzahlen.[14] Aber auf einer Boschafterkonferenz im Juli ließ der italienische Vertreter verlauten,

---

1. April 1921, Collections, Official Documents (League of Nations), Economic and Financial Organization, Provisional Economic and Financial Commission – Financial Committee, EFS/51–73 – Vol. 3, EFS.65.

12 Völkerbundarchiv Genf: Reports and Evidence given to Commission in Vienna, League of Nations Secretariat, Economic and Financial Section, Section files, Files of Sir James Arthur Salter, S106/56/1; Rapport au Comité Financier, 9. Mai 1921, Official Documents (League of Nations), Economic and Financial Organization, Provisional Economic and Financial Commission – Financial Committee, EFS/90–95 – Vol. 5, EFS.94/A.57.

13 Archiv der Republik, Wien: Ministerratsprotokoll Nr. 81 – Antwortnote an die Delegierten der Finanzkommission des Völkerbundes, 9. Mai 1921, Bundesministerium für Finanzen, Departement 17 / Frieden, Karton 67.

14 Völkerbundarchiv, Genf: Procès-Verbaux du Comité Financier 4ème session,

seine Regierung hege Zweifel am Völkerbund als der richtigen Kontrollbehörde für Österreich.[15] Dem ständigen Vertreter des Finanzkomitees in Wien teilte Bundeskanzler Mayr inzwischen mit, dass der Völkerbund zwar mit Aufsicht der Bedienung der Anleihe betraut werden könne, dass aber jegliche unnötige Einmischung einem „Kulturland" wie Österreich nicht zuzumuten sei, schon gar nicht, wenn es sich bloß um einen Vorschuss handle.[16]

Als zur selben Zeit österreichische Staatsbeamte in den Streik traten und die Regierung daraufhin deren Gehälter und somit die Staatsausgaben erhöhte, begann der Auslandswert der Krone in Erwartung des wachsenden Defizits rasch zu sinken. Die Hyperinflation hatte begonnen. Vom 1. Juni bis 1. August 1921 fiel der Währungskurs um die Hälfte und bis zum 1. September war der Auslandswert der Krone bereits um 80 Prozent herabgesunken. Die Regierung selbst war nun auch bankrott, trat zurück, und an Mayrs Stelle übernahm der Wiener Polizeichef, der unparteiliche Johann Schober, das Amt des Bundeskanzlers. Im Oktober lag dann der Zugverkehr mit Ungarn lahm und an der Börse kam es zu Krawallen. Im Dezember terrorisierten randalierende Arbeiter gehobenere Gäste in den noblen Hotels und Cafés des 1. Bezirks, und im Alten Wiener Rathaus, vor einer Versammlung des nationalsozialistischen Vereins für Deutsch-Österreich, verurteilte ein damals noch obskurer Münchner Politiker namens Adolf Hitler die Entente für Österreichs fatale Lage.[17]

Official Documents (League of Nations), Economic and Financial Organization, Provisional Economic and Financial Commission, 2-II Austria, S. 535–565.

15 Völkerbundarchiv, Genf: Financial restoration of Austria – Legal situation of the Financial Committee, League of Nations Secretariat, Economic and Financial Section, Registry files (1928–1932), Finance, Austria – General, R2941/10E/11579/1303.

16 Archiv der Republik, Wien: Ministerratsprotokoll Nr. 106 – Information für den Vertreter des Finanzkomitees des Völkerbundes Dr. Riis- Hansen über die Durchführung des Finanzprogrammes, 26. Juli 1921, Bundesministerium für Finanzen, Departement 17 / Frieden, Karton 67.

17 Johann Auer: Zwei Aufenthalte Hitlers in Wien, in: Vierteljahrshefte für Zeitgeschichte, 14 (1966) 2, S. 207–208.

Österreichs neuer Kanzler, Johann Schober, hatte London vertraulich informiert, er werde zurücktreten, sollte keine ausländische Finanzhilfe kommen.[18] Im Januar 1922 fiel die Krone auf einen neuen Tiefstwert von 9,998 Kronen pro US-Dollar. Aber die Lebensmittelsubventionen wurden nun endlich gekürzt, und die Engländer waren daraufhin zu einem Vorschuss von 2 Millionen Pfund bereit, sofern sie die Verwendung der Summe selbst kontrollierten.[19] Die österreichische Regierung empfing den Briten G. M. Young, Angestellter der Anglo-Austrian Bank in Wien, als Vertreter des Britischen Schatzamtes und versprach, den Kredit aus dem Erlös der geplanten Anleihe zurückzubezahlen.[20] Die erste Welle der Hyperinflation kam somit zum Ende. Die reale Staatsschuld war dank des Wechselkurseinfalls um 80 Prozent gesunken, der laufende Staatshaushalt verbesserte sich nach Kürzung der Subventionen, und der britische Vorschuss erhöhte das Vertrauen in den Völkerbundplan, denn dessen Rückzahlung war direkt mit der geplanten Anleihe verknüpft. Der Völkerbundrat schlug daher vor, dass Österreich in Genf um einen Finanzberater ersuche, welcher die Regierung in Hinblick auf die Völkerbundanleihe beim Ausarbeiten der Reformen beraten würde.[21]

Aber die glückliche Stabilisierung der Krone hatte den Eindruck erweckt, Österreich könne vielleicht einer fremden Kontrolle entkommen. Schober schlug Young vor, mit dem Fremddarlehen den Wechselkurs der Krone zu festigen und die Spekulation zu bekämpfen.[22] Die monatliche Inflationsrate stand noch bei 20 Prozent, aber

18 Britisches Nationalarchiv, London: Briefe von Waterlow an Curzon, 21. und 23. Oktober 1921, T160/58/2073/6.

19 Britisches Nationalarchiv, London: Telegramm vom Foreign Office an Akers-Douglas, 9. Februar 1922, FO371/7335/C1962.

20 Britisches Nationalarchiv, London: Brief von Franckenstein an Curzon, 15. Februar 1922, FO371/7336/C2238.

21 Völkerbundarchiv, Genf: Brief von Ador an Franckenstein, 23. Februar 1922, Official Documents (League of Nations), Economic and Financial Organization, Provisional Economic and Financial Commission – Financial Committee, EFS/231–262 – Vol. 11, EFS.247.

22 Die Rede des Bundeskanzlers, in: Die Reichspost, 4. März 1922, S. 1–2; Finanzpläne, in: Die Arbeiterzeitung, 4. März 1922, S. 1.

der Zeitpunkt für den Versuch einer Stabilisierung erschien günstig und Young zeigte sich einverstanden, sofern der Bundeskanzler weitere Schritte unternähme, den Staatshaushalt völlig auszugleichen. Schober hatte aber im Dezember mit der Tschechoslowakei ein Grenzabkommen unterschrieben, welches im März in Kraft treten sollte und die deutschsprachigen Bewohner des Sudetenlandes außerhalb Österreichs beließ. Die Großdeutsche Partei verließ deswegen die Regierung und drohte, die Koalition zu stürzen, worauf Young dem Bundeskanzler schriftlich mitteilte, er würde die Vorschüsse nur freigeben, wenn dieser im Amt bliebe.[23] Schober veröffentlichte daraufhin diesen Brief, aber die Großdeutschen entzogen ihm trotzdem ihre Unterstützung, so dass dem Bundeskanzler nur noch eine knappe Mehrheit im Parlament, aber nicht mehr in der wichtigen Finanzkommission blieb. Nicht nur waren vorerst weitere Finanzreformen gestoppt, die Veröffentlichung des Briefs hatte ein öffentliches Entrüsten um Youngs Einmischung in die Innenpolitik zur Folge, welches jegliche Form einer fremden Finanzkontrolle in Österreich vorerst unmöglich machte.[24]

Im März 1923 teilte Österreich dem Finanzkomitee des Völkerbundes auf dessen Sitzung in London mit, die Ernennung eines Finanzkontrolleurs sei, bevor die Anleihe konkret würde, nicht mehr gewollt.[25] Als dann im April eine internationale Konferenz in Genua die erhoffte Aufhebung der Pfandrechte nicht brachte und Schober seine Mehrheit im österreichischen Parlament komplett verlor, begann die Krone wieder an Wert zu verlieren. Aber die US-Bank J. P. Morgan und deren britische Partner Morgan Grenfell hatten bereits im Februar versprochen, eine Anleihe ohne den Völkerbund für Österreich zu erwägen. Zusammen mit anderen

23 Britisches Nationalarchiv, London: Brief von Young an Treasury, 15. März 1922 und von Akers-Douglas an Curzon, 10. März 1922, FO371/7336/C4121.

24 Britisches Nationalarchiv, London: Telegramm von Akers-Douglas an Foreign Office, 16. März 1922, FO371/7336/C3970.

25 Völkerbundarchiv, Genf: Financial Committee 6th SES/P.V./1–6, Official Documents (League of Nations), Economic and Financial Organization, Provisional Economic and Financial Commission – Financial Committee.

britischen Partnerbanken entsandten sie daher im Juni G. M. Young zurück nach Wien, um die Aussichten für eine Währungsstabilisierung zu ermitteln. Österreichs neuem Bundeskanzler, dem christlich-sozialen Prälaten Ignaz Seipel, teilte Young mit, dass eine Anleihe ohne Aufhebung der Pfandrechte unmöglich sei, da die Banken Sicherheiten benötigten.[26] Seinen Auftraggebern in London berichtete er das v. a. die indexierten Gehälter der vielen Staatsangestellten die Notenpresse antrieben und daher für eine erfolgreiche Stabilisierung ein weiträumiger Beamtenabbau und eine neue, unabhängige Notenbank die beste Sicherheit darstellten.[27] Morgan und ihre Partner waren aber in Wahrheit von Anbeginn dem Anliegen widerwillig gegenüber eingestellt gewesen. Und in Deutschland, wo bereits Reparationen mit dem Druck von Banknoten finanziert wurden, begann nun auch eine Hyperinflation auszubrechen. So einigten sich die Banken im Juli, dass in Anbetracht der Schwierigkeiten in Österreich, aber auch in Deutschland, eine Anleihe der Banken ohne ausländische Staatsgarantien vorläufig nicht möglich sei.[28]

Auf das Scheitern der Young-Mission reagierte die Krone mit einem starken Fall und die Hyperinflation kehrte nach Österreich zurück. Die Regierung machte die leeren ausländischen Versprechungen dafür verantwortlich und lieh sich zur Deckung des Defizits weiterhin frische Banknoten von der österreichischen Abteilung der Österreichisch-Ungarischen Bank. Vor der Genua-Konferenz, also Anfang April, hatte ein Dollar noch 7.600 österreichische Kronen gekostet. Anfang Mai war der Preis auf 8.200 gestiegen, Mitte Juni lag er bereits bei 21.000 Kronen und bis Ende Juli hatte sich dieser noch einmal verdoppelt. Österreich schien der wirtschaftli-

26 Archiv der Republik, Wien: Ministerratsprotokoll, 8. Juni 1922, Bundesministerium für Finanzen, Departement 17 / Frieden, Karton 84.

27 Rothschildarchiv, London: Brief von Young, 23. Juni 1922, Special Correspondence re Austria (Loan), XI/III/189.

28 J. P. Morgan Archiv, New York: Brief von Morgan Grenfell an J. P. Morgan, 7. Juli 1922, Vincent P. Carosso Papers, Morgan & Co. – Foreign Loans, Austria, ARC 1214, Karton 16.

che und politische Kollaps bevorzustehen. Bundeskanzler Seipel drohte dem britischen Premierminister David Lloyd George, seine Regierung werde zurücktreten, sollte im August das Treffen der europäischen Alliierten in London keine Staatsgarantien für eine österreichische Anleihe hervorbringen.[29] Die Briten, welche sich bereits seit Genua überall für die Aufhebung der Pfandrechte eigesetzt hatten, verstärkten daher ihre Bemühungen und erwirkten den viel ersehnten Entschluss der Reparationskommission am 8. August 1922.[30] Österreich konnte nun die Einnahmen aus Zoll- und Tabakmonopol für eine Auslandsanleihe verpfänden. Aber als sich Lloyd George am letzten Tag der Konferenz mit dem französischen Premierminister Raymond Poincaré und dem italienischen Außenminister Carlo Schanzer besprach, waren sie sich erneut einig, dass der Völkerbund die einzige Instanz war, die sich des Problems einer Anleihe für Österreich annehmen sollte.[31]

Die Wiener Bevölkerung nahm den erneuten Verweis nach Genf zwar mit verzweifelter Enttäuschung auf, Seipel machte seine Drohung jedoch nicht wahr und fuhr stattdessen kurzfristig nach Prag, Berlin und Verona. Der österreichische Bundeskanzler verstand, dass eine Völkerbundanleihe die beste und eventuell letzte Chance für Österreich darstellte und wollte, nach Ansicht einiger Historiker, den Eindruck erwecken, dass ohne baldige Hilfe Österreich sich Deutschland unweigerlich würde anschließen müssen. In Prag fragte er daher Premier- und Außenminister Edvard Beneš, was dieser davon hielte, wenn im Falle eines Versagens des Völkerbundes Ös-

29 Britisches Nationalarchiv, London: Akers-Douglas an Balfour, 4. August 1922, FO371/7338/C11182; Archiv der Republik, Wien: Sitzungsprotokoll, 3. August 1922, Bundesministerium für Äußeres / Neues Politisches Archiv – Präsidium, Karton 287, Liasse Österreich 1921 – 1922, 8/IV.

30 Archiv der Republik, Wien: Brief von Schüller, 4. August 1922, Bundesministerium für Äußeres / Neues Politisches Archiv – Präsidium, Karton 287, Liasse Österreich 1921 – 1922, 8/IV.

31 Völkerbundarchiv, Genf: Brief von Avenol an Salter, 18. August 1922, League of Nations Secretariat, Economic and Financial Section, Section files, Files of Sir James Arthur Salter, Reconstruction of Austria – Memoranda and Reports, S106/56/10.

terreich sich mit Deutschland verbände. In Berlin ließ ihn Reichskanzler Joseph Wirth jedoch wissen, dass die Zeit für den Anschluss Österreichs noch nicht gekommen sei.[32] Und nach seinem eigenen Gespräch mit Seipel warnte Italiens Außenminister Schanzer nicht etwa vor den Gefahren des Anschlusses, sondern vor einem bolschewistischen Umsturz in Österreich, sollte die kommende Völkerbundtagung im September keine Hilfe bringen.[33]

Am 6. September 1922 trat Bundeskanzler Seipel dann vor den Völkerbundrat in Genf und hielt eine bewegende Ansprache. Der endgültige Untergang Österreichs müsse in ganz Europa Unruhe auslösen und er erbat daher für seine frierende und hungernde Bevölkerung finanzielle Hilfe. Ausdrücklich akzeptierte er, dass fremde Finanzhilfe unausweichlich auch ausländische Kontrolle mit sich bringe.[34] Als der Bundeskanzler nach seiner Reise dem Ausschuss für Äußeres in Wien Bericht gab, beschuldigten ihn die Sozialisten sogar, er wolle diese Kontrolle missbrauchen, um seine eigene Position zu stärken. Der sozialistische Parteichef Otto Bauer erkannte zwar an, dass für ausländische Darlehen eine Fremdkontrolle in Kauf genommen werden müsse, warnte aber vor „Vormundschaft und Fremdherrschaft“, welche Österreichs Würde verletzten.[35] In Genf einigte man sich inzwischen auf Wunsch des österreichischen Außenministers auf die Überwachung in Form eines einzelnen Kontrolleurs anstelle einer internationalen Kontrollkommission,

32 Archiv der Republik, Wien: Aufzeichnung über die Reise des Bundeskanzlers Dr. Seipel nach Prag, Berlin und Verona, 20. bis 27. August 1922, Bundesministerium für Äußeres / Neues Politisches Archiv – Präsidium, Karton 408, Liasse Österreich 1921 – 1922, 8/IV.

33 Britisches Nationalarchiv, London: Brief von Schanzer an Lloyd George, 29. August 1922, FO371/7340/C12894.

34 Troisième Séance (Publique) tenue à Genève le mercredi 6 septembre 1922 à 16 heures, in: Société des Nations. Journal Officiel, 3 (1922) 11 (Deuxième Partie), S. 1445–1449.

35 Archiv der Republik, Wien: Sitzungen des Ausschusses für Äußeres, 13. September 1922, Bundesministerium für Äußeres / Neues Politisches Archiv – Präsidium, Karton 1.

nachdem der Außenminister hatte privat verlauten lassen, die Kontrolle sei ihm sogar wichtiger als die Kredite selbst.[36]

Als Seipel Ende September wieder nach Genf fuhr, hatten sich die Vertreter Frankreichs, der Tschechoslowakei und Großbritanniens bereits auf ihre Staatsgarantien für die Anleihe geeinigt, und die positive Antwort Italiens kam am Ende auch. In geschlossener Versammlung betonte Seipel noch, er wünsche, dass die ausländische Finanzkontrolle besonders umfassend definiert werde.[37] Die Genfer Protokolle, welche er am 4. Oktober letztendlich unterschrieb, versprachen Österreich eine vom Ausland garantierte Anleihe über $160 Millionen. Im Gegenzug verpflichtete sich Österreich zur Sanierung des Staatshaushaltes und zur Finanzkontrolle durch den Völkerbund. Anders als eine Kontrolle durch die Reparationskommission, wie sie Loucheur ursprünglich vorgeschlagen hatte, oder direkt durch Privatbanken versprach die Völkerbundkontrolle eine bessere Wahrung der österreichischen Souveränität und Unabhängigkeit.[38] In die tatsächliche Kompetenz des zukünftigen Völkerbundkommissars fiel nämlich, entgegen Seipels Wünschen, nur die Autorität, die Einnahmen aus Tabak- und Zollmonopol zu überprüfen und gegebenenfalls zurückzubehalten. Wie wir im nächsten Kapitel noch sehen werden, war dies zu wenig, um aus dem Vertreter des Völkerbundes einen furchterregenden Finanzdiktator zu machen.[39]

---

36 Britisches Nationalarchiv, London: Memorandum by Sir Cecil Hurst, 13. September 1922, FO371/7340/C13213.

37 Britisches Nationalarchiv, London: Brief von Phillpots an Akers-Douglas, 30. September 1922, FO371/7341/C13845.

38 Nathan Marcus: Austria, the League of Nations, and the Birth of Multilateral Financial Control, in: Peter Becker und Natasha Wheatley (Hg.): Remaking Central Europe. The League of Nations and the Former Habsburg Lands, Oxford: Oxford University Press 2020, S. 127–144.

39 Genfer Protokolle, in: Société des Nations. Journal Officiel, 3 (1922) 11 (Deuxième Partie), S. 1471–1479.

Schuldzuweisungen

Der andauernde Wertzerfall der Krone war eine Zeit der Verunsicherung für die österreichische Bevölkerung. Wirtschaftsexperten schienen keine Lösung für das Problem zu haben und die Regierung machte die zögerliche Haltung der Siegermächte oder die Spekulation für das Unheil verantwortlich. Die Perioden des rapiden Währungssturzes waren relativ kurz, einige Monate Ende 1921 und wieder einige Monate im Sommer 1922. Dazwischen lagen längere Zeitabschnitte, in denen sich der Währungskurs stabilisierte und die monatliche Inflationsrate vorübergehend sogar auf einstellige Ziffern sank. Wenn auch das Defizit und die Ausgabe von Schatzscheinen gegen frische Banknoten zur Finanzierung der Staatsausgaben Ursache der Misere war, so gab man gerne den Spekulanten die Schuld, welche nach Ansicht vieler ohnehin Ausländer oder Juden waren, oder verurteilte die Siegermächte, welche den neuen Staat schließlich ins Leben gerufen hatten.

Zwei Karikaturen aus der Zeit machen deutlich, wie populär diese Ansichten damals waren. Am 1. Mai 1921 illustrierte die satirische Wochenzeitung *Die Bombe* ihr Titelblatt mit einem antisemitischen Witzbild (Abb. 1.1). Darauf unterhalten sich zwei jüdische Spekulanten, um jeden Zweifel auszuräumen sind sie als Teitelberg und Mandelbaum benannt, vor dem ebenso einfallslos bezeichneten „Café Valuta". Die Szene spielt, so besagt der Titel, im Schweizer Ausland, nämlich in Zürich. Die Ausgabe erschien einen Monat vor der ersten Welle der Hyperinflation, als in Österreich zum ersten Mal von einer Völkerbundhilfe die Rede war. Dass es sich bei den beiden um Währungsspekulanten handelt, wird spätestens aus ihrem Dialog ersichtlich. Mandelbaum habe gehört, dass Österreich nun geholfen werden soll, und möchte von Teitelberg wissen, welchen Kurs er ihm für Kronen anbieten könne. Aber Teitelberg traut der Rettungsaktion nicht, im Gegenteil: „Wenn Österreich wirklich Hilfe bekommt, sind Dollars zu haben", lautet seine Antwort.

Die beiden Figuren tragen alle Merkmale einer antisemitischen Karikatur. Sie sind dunkel und unästhetisch, haben übergroße

Hände und Füße, gebogene Nasen und Teitelberg trägt sogar die orthodoxen Schläfenlocken. Auch die zwei weiteren, im Hintergrund verhandelnden Figuren dürften Juden darstellen. Die Karikatur macht deutlich, wen man in Österreich für den schlechten Währungskurs der Krone verantwortlich machte. Nicht die Regierung und die wachsende Staatsschuld, sondern Währungsspekulanten im Ausland, die mit ihren Termingeschäften den Wert der Krone untergruben. Zwar sind es hier Österreich und die Vereinigten Staaten, worüber man lachen soll: Denn wenn Österreich Hilfe bekommen sollte, dann würde der kaputte Staat nicht etwa gerettet, sondern er wäre so marode, dass er in dem Fall sogar die gutgläubigen Vereinigten Staaten mit in den Ruin zöge. Aber Teitelberg und Mandelbaum machen es deutlich: Die Widersacher solcher Rettungsaktionen sind Währungsspekulanten, welche auf ausländischen Börsen, fern der österreichischen Justiz, den Wert der Krone und anderer Währungen herunterbringen.

Für das Ausbleiben einer Anleihe wiederum, welche womöglich Österreich vor dem Untergang zu retten vermochte, wurde den ausländischen Siegermächten die Schuld zugeschoben. Im nächsten Monat publizierte dieselbe Zeitschrift eine Karikatur auf ihrem Titelbild, welche ein ausgehungertes Österreich im Sterbebett zeigt (Abb. 1.2). Die Patientin wird umgeben von drei „Entente-Doktoren“, Offizieren der britischen, italienischen und französischen Armee. Der Franzose misst Österreich den Puls und auf dem Nachttisch steht ein Glas unzulänglicher Medizin. Sich an die Offiziere in ihren Ausgehuniformen wendend, lässt das schwächliche Österreich wissen: „Wenn die Hilfsaktion dann doch kommt, schafft mir von dem Geld einen schönen Grabstein an.“ Österreich ist zur Selbsthilfe zur schwach und ohne ausländische Unterstützung nicht lebensfähig. Die ausländischen Doktoren aber sind nicht zu sehr darum bemüht, ihre Patientin zu retten. Teilnahmslos schauen diese stattdessen zu, wie Österreich langsam dahinsiecht. Als Ärzte wäre es ihre Pflicht, die Kranke zu heilen, stattdessen prüfen sie lediglich, ob das Herz noch schlägt. Die Verantwortung der Siegermächte für Österreichs Wohlbefinden wird dadurch betont, dass die Kranke

Abb. 1.1: „In Zürich."
Quelle: Österreichische Nationalbibliothek. Die Bombe. Illustrierte Wochenschrift, 1. Mai 1921, S. 1.

als „Deutsch-Österreich" bezeichnet wird, ein Name und Staatsgebilde, welches die Alliierten untersagt hatten. Für den Leser ist die Botschaft daher klar: Die Alliierten könnten und müssten Österreich zwar retten, sind aber nicht wirklich an ihrem Überleben interessiert.

Die Schuld für den Niedergang der Krone, für das Ausbleiben einer rettenden Anleihe und für das Verkümmern der österreichischen Wirtschaft war demnach also im Ausland zu suchen. Nicht etwa die Unfähigkeit der Regierungen, das Loch im Staatshaushalt zu stopfen und deren kontinuierlicher Verlass auf die Notenbank-

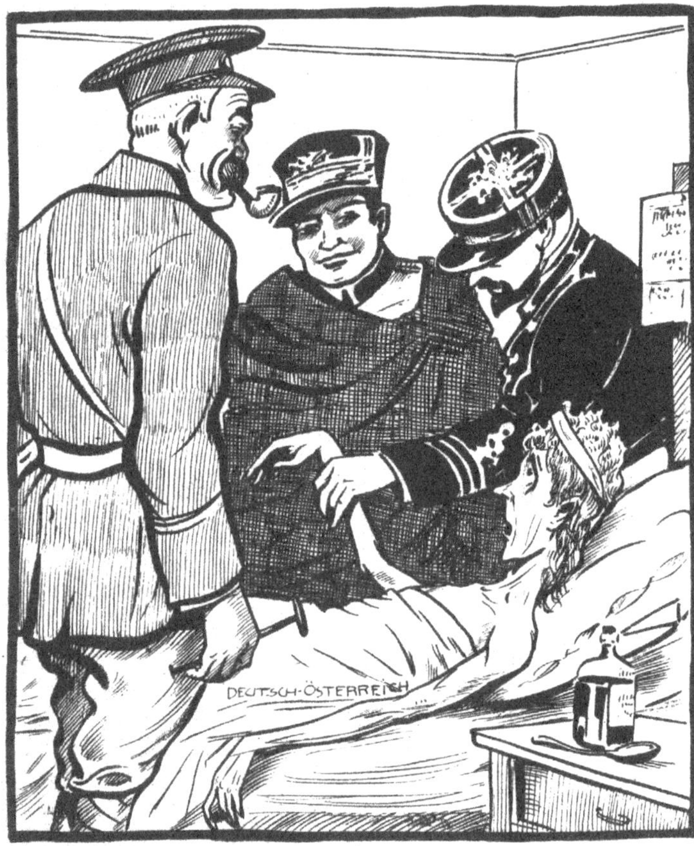

Abb. 1.2: „Das Testament."
Quelle: Österreichische Nationalbibliothek. Die Bombe. Illustrierte Wochenschrift, 15. Juni 1921, S. 1.

presse, um das Defizit zu decken, wurden als wahre Ursachen angesehen. Die vielen Rückschläge auf dem langen Weg zur Völkerbundanleihe waren nicht etwa ein Armutszeugnis der österreichischen Diplomatie und Außenpolitik, sondern Beweis für die fast böswillige Gleichgültigkeit, mit welcher die Siegermächte Österreich behandelten. Der Tenor dieser satirischen Karikaturen schwang Jahrzehnte später mit, als es 1989 im Begleitbuch zur ORF-

Fernsehserie Österreich I. sogar hieß: „Welchen Sinn ergab die neue Friedensordnung für Europa, wie sie in Versailles und in Saint-Germain geschaffen worden war, wenn die Hüter dieser Ordnung so wenig Wert auf die Lebensfähigkeit Österreichs legten?"[40] Die politisch motivierte Schuldzuweisung an die Alliierten durch die österreichischen Regierungen, welche selbst durch das Drucken neuer Banknoten die Hyperinflation erst ermöglichten, fand hiermit Eingang in die spätere Geschichtsschreibung.

Die Heilung schien aber bereits im August 1922 gekommen zu sein. Die Wechselkurse stabilisierten sich und die Preise hörten bald zu steigen auf. Für viele Historiker war dies der Erfolg der Seipel'schen Rundreise, welche die Siegermächte verängstigt und den Völkerbund auf den Plan gerufen hatte.[41] Bei seiner Rückkehr aus Genf im Oktober wurde Seipel in der Presse auch als Retter gefeiert. Mit der Unterzeichnung einer Vereinbarung mit dem Völkerbund schien die in Aussicht gestellte Hilfe nun sicher. In der Tat hielt sich der Wert der Krone, und bereits im Dezember konnte eine kleinere Anleihe in Österreich emittiert werden. Der Erfolg für die Stabilisierung aber ging nicht etwa auf das Konto von Seipel und seiner Regierung. Diese taten, im Gegenteil, viel zu wenig, um die Gunst der Stunde zu nutzen. Vielmehr waren es die Errungenschaften der Vertreter einer provisorischen Delegation des Völkerbundes, die ab Oktober in Wien weilten, welche der Hyperinflation in Österreich erfolgreich den Garaus machten.

Die provisorische Delegation des Völkerbundes

Ab Mitte Oktober 1922 weilte eine provisorische Delegation des Finanzkomitees in Wien. Sie bestand aus dem Belgier Albert Jans-

40 Hugo Portisch und Sepp Riff: Österreich I. Die unterschätzte Republik. Ein Buch zur gleichnamigen Fernsehdokumentation, Wien: Kremayr & Scheriau, 1989, S. 220.

41 Allen voran Klemens von Klemperer: Ignaz Seipel. Christian statesman in a time of crisis, Princeton, N.J.: Princeton University Press 1972, S. 197.

sen, dem Franzosen Joseph Avenol, dem Südafrikaner Henry Strakosch, dem Briten Otto Niemeyer, dem Tschechoslowaken Vilém Pospíšil, dem Italiener Maggiorino Ferraris und dem Schweizer Alfred Sarasin. Alle waren sie Fachleute der Finanzen und in ihren Heimatländern als Bankiers oder in Finanzministerien tätig. In der österreichischen Geschichtsschreibung bleiben sie meist unerwähnt trotz der wichtigen Arbeit, die sie im Kampf gegen die Hyperinflation leisteten. Nicht nur legten sie die politischen und rechtlichen Fundamente für die Intervention des Völkerbundes, sondern, viel wichtiger noch, sie stärkten das Vertrauen der Österreicher in die Zukunft ihres eigenen Landes, stellten die Kreditwürdigkeit Österreichs wieder her und trugen damit maßgeblich zur langfristigen Stabilisierung der Währung bei.

Die erste dringliche Aufgabe der Delegierten war es, die Notenpresse stillzulegen, aber gleich bei ihrem ersten Treffen mit Finanzminister August Ségur fühlten sie sich übervorteilt. Am selben Nachmittag wollte dieser im Parlament die Zustimmung einholen, weitere 750 Milliarden Kronen in frischen Noten, sprich ca. $10 Millionen, von der österreichischen Abteilung der Österreichisch-Ungarischen Bank zu leihen.[42] Die Gelder seien nötig, so Ségur zu den Delegierten, um am Ende der Woche die fälligen Gehälter von Staatsangestellten zu bezahlen. Kurz darauf informierte sie Herman Schwarzwald, Sektionschef beim Finanzministerium, das jeweils weitere 750 Milliarden für November und Dezember notwendig seien, versicherte ihnen aber, zu versuchen diese durch den Verkauf von Schatzscheinen an Wiener Privatbanken zu erstehen.[43] Um dem Notendruck ein endgültiges Ende zu bereiten, bestanden

42 Völkerbundarchiv, Genf: Protokoll der 2. Sitzung am 18. Oktober 1922, League of Nations External Fonds, Financial Reconstruction of Austria (Office of the Commissioner General at Vienna), Protocols and Report, Meetings of the Provisional Delegation.

43 Völkerbundarchiv, Genf: Protokoll der 5. Sitzung am 19. Oktober 1922, League of Nations External Fonds, Financial Reconstruction of Austria (Office of the Commissioner General at Vienna), Protocols and Report, Meetings of the Provisional Delegation.

die Delegierten daher auf die Gründung einer neuen, unabhängigen Nationalbank noch vor dem 1. Dezember 1922. Zur Wiederherstellung des ausländischen Vertrauens in Österreich, so der Delegierte Strakosch, sei es essentiell, die „meist diskreditierte Bank Europas" abzulösen, und sein Kollege Niemeyer betonte, keiner würde die Völkerbundanleihe zeichnen, so lange die neue Bank nicht sichtlich funktioniere.[44] Da Ségur sie jedoch mit den Statuten der neuen Bank hinhielt, unterbreiteten die Delegierten einen eigenen Vorschlag, den die Regierung akzeptierte, nachdem die Delegierten zugestanden, die Währungsreserven in Wien zu belassen, so lange das gesamte Zentralbankkapital in Österreich aufgebracht werden konnte.[45]

Die Delegierten hatten innerhalb von zwei Wochen bereits wichtige Erfolge vorzuweisen. Der Verkauf von Schatzscheinen an die Banken und die Statuten der neuen Zentralbank würden, sofern sie langfristig Erfolg hatten, die Finanzierung der Staatsausgaben durch die Notenpresse unnötig und unmöglich machen. Aber die wichtigste Aufgabe war die Eliminierung des Ursprungs des Problems: das Defizit im Staatshaushalt. Seipel hatte unkollegial versucht Druck auf die Delegierten auszuüben, als er bei ihrer Ankunft einen ersten Reformentwurf der Presse zugespielt hatte.[46] Den Delegierten aber gefiel der Entwurf gar nicht, denn er finanzierte die geplanten Staatsausgaben von $47 Millionen vornehmlich durch Verdopplung der Staatseinnahmen und nicht etwa durch eine Kürzung der Ausgaben. Defizitäre Staatsbetriebe wie die Eisenbahnen

44 Völkerbundarchiv, Genf: Protokoll der 5. Sitzung am 19. Oktober 1922, League of Nations External Fonds, Financial Reconstruction of Austria (Office of the Commissioner General at Vienna), Protocols and Report, Meetings of the Provisional Delegation.

45 Völkerbundarchiv, Genf: Protokoll der 31. und 32. Sitzung am 3. November 1922, League of Nations External Fonds, Financial Reconstruction of Austria (Office of the Commissioner General at Vienna), Protocols and Report, Meetings of the Provisional Delegation.

46 Das österreichische Reform- und Sanierungsprogramm, in: Neue Freie Presse, 20. Oktober 1922, S. 4–10.

oder Staatsforste würden demnach bald einen Profit abwerfen, ohne dass der Plan Details darüber enthielt, wie es so schnell zu einer dementsprechend glücklichen Sanierung kommen sollte.[47]

Die überarbeitete Fassung, welche den Delegierten Ende Oktober vorgelegt wurde, enthielt zwar detaillierteres Zahlenmaterial, schockierte aber durch die Verdoppelung der Staatsausgaben auf $99 Millionen. Steuereinnahmen sollten um 140 Prozent steigen, die Ausgaben nur um 25 Prozent sinken. Ségurs nächster Entwurf reduzierte den Staatshausalt auf knapp $80 Millionen, aber nur dank eines buchhalterischen Tricks, wonach Ausgaben in Höhe von $16 Millionen auf die Länder überschrieb wurden.[48] Ségur und Seipel schienen die Delegierten an der Nase herumzuführen, so das letztere erbost ein Ultimatum setzten. Damit die ausländischen Staaten ihre Garantien rechtzeitig ratifizieren könnten, müsse der Sanierungsplan bis zum 26. November 1922 vom österreichischen Parlament abgesegnet sein.[49] Dieser und die Statuten der neuen Nationalbank wurden daraufhin am 4. November dem Parlament vorgelegt. Die Sozialisten verlangten noch die Kürzung von Einfuhrsteuern auf Kohle und Lebensmittel und widersetzten sich einer geplanten Steuer auf Gas und Strom. Um eine Lösung herbeizuführen, vermittelte die Völkerbunddelegation daraufhin sogar im Geheimen einen erfolgreichen Kompromiss zwischen Regierung und Opposition.[50]

---

47 Völkerbundarchiv, Genf: Protokoll der 4. Sitzung am 18. Oktober 1922, League of Nations External Fonds, Financial Reconstruction of Austria (Office of the Commissioner General at Vienna), Protocols and Report, Meetings of the Provisional Delegation C34/34/6/21-1–57.

48 Völkerbundarchiv, Genf: Protokoll der 19. Sitzung am 27. Oktober 1922, League of Nations External Fonds, Financial Reconstruction of Austria (Office of the Commissioner General at Vienna), Protocols and Report, Meetings of the Provisional Delegation C34/34/6/21-1–57.

49 Völkerbundarchiv, Genf: Protokoll der 27. Sitzung am 1. November 1922, League of Nations External Fonds, Financial Reconstruction of Austria (Office of the Commissioner General at Vienna), Protocols and Report, Meetings of the Provisional Delegation C34/34/6/21-1–57.

50 Völkerbundarchiv, Genf: Protokoll der 52. Sitzung bei Dr. Seitz am 21. Novem

Mit der Verabschiedung der Gesetze durch das Parlament war endlich der Weg frei für die kleine, interne Anleihe. Am 4. Dezember 1922 eröffnete die Zeichnung für Aktien der neuen Nationalbank und für Schatzscheine der Regierung, welche Anleger später in die Völkerbundanleihe würden konvertieren können. Die Nachfrage war groß, und bis Mitte Januar hatten österreichische Investoren ihrer Regierung über 280 Milliarden Kronen oder ca. $3,8 Million geliehen.[51] Natürlich war die interne Anleihe keine schlechte Investition, mit einem achtprozentigen Zins, indexiert zum US-Dollar und gesichert durch Zoll- und Tabakeinnahmen.[52] Aber es war trotzdem ein außerordentliches Zeichen der Zuversicht in die österreichische Regierung und wirtschaftliche Zukunft und nicht zuletzt auch in den Völkerbundplan, wenn Investoren wieder bereit waren, Schatzscheine der österreichischen Regierung zu kaufen.

Die Bemühungen der provisorischen Delegation zahlten sich aus. Seit September hatte eine Abteilung beim Finanzministerium, nämlich die Österreichische Zentralstelle für den Zahlungsverkehr mit dem Ausland, kurz Devisenzentrale genannt, ihre Währungsreserven geschickt benutzt, um auf Devisenmärkten die Krone künstlich zu stabilisieren. Obwohl Spekulanten im August auf einen Anstieg des Kronenkurses gewettet hatten, musste die Devisenzentrale in den Folgemonaten intervenieren, um einen erneuten Fall der Krone zu verhindern. Auch im Oktober und November stieg die Nachfrage nach Devisen zuerst an, nachdem nämlich klar geworden war, dass die Vereinbarung mit dem Völkerbund nicht sofort zu ausländischen Krediten führen wurde. Die Rundreise des

---

ber 1922, League of Nations External Fonds, Financial Reconstruction of Austria (Office of the Commissioner General at Vienna), Protocols and Report, Meetings of the Provisional Delegation, C34/34/6/21-1-57.

51 Völkerbundarchiv, Genf: Zahlungseingänge für die 8%ige öst. Dollar Anleihe, League of Nations External Fonds, Financial Reconstruction of Austria (Office of the Commissioner General at Vienna), Taxation, Sickness and Unemployment Insurance, Credit Operations, etc., C4/4.

52 Rothschildarchiv, London: Brief von Paul Kern, 11. Dezember 1922, Special Correspondence re Austria (Loan), XI/III/189.

Grafik 1.1: Saldi der Devisenzentrale in 1.000 Pfund Sterling (Oktober 1922 – September 1923).
Quelle: Völkerbundarchiv, Genf: Reports of Currency Office 1–7, League of Nations External Fonds, Financial Reconstruction of Austria (Office of the Commissioner General at Vienna), Currency Office, C25/25.

Bundeskanzlers im August hatte also nicht eine Stabilisierung der Währung herbeigeführt. Aber mit der Verabschiedung der Gesetze am 27. November 1922 wendete sich das Blatt. Die Nachfrage nach Devisen sank und das Angebot stieg so sehr, dass der Saldo für November positiv abschloss und das *Neue 8 Uhr-Blatt* berichten konnte, die Devisenzentrale stelle, in Anbetracht des größeren Angebots, eine Erhöhung der Devisenzuteilungen an Importeure in Aussicht.[53] Im Dezember erreichte der Saldo eine Rekordsumme von beinahe 200.000 Pfund Sterling und blieb mit Ausnahme des Monats Februar für die weiteren Monate positiv (Grafik 1.1).

53 Erhöhung der Devisenzuteilungen, in: Neues 8 Uhr-Blatt, 27. November 1922, S. 3.

Die Hyperinflation in Österreich war gebannt. Es war dem Einsatz ausländischer Politiker und Diplomaten zu verdanken, dass Österreich beim Völkerbund in Genf endlich Gehör gefunden hatte. Und ohne die Präsenz und den Einsatz der Völkerbunddelegierten in Wien ab Oktober wäre es kaum gelungen, den Völkerbundplan rechtzeitig umzusetzen. Die beste Gelegenheit, mit Hilfe eines englischen Vorschusses die Hyperinflation in den Griff zu bekommen, hatten die Großdeutschen anfangs 1922 vereitelt. Österreichs Politiker hatten es weder davor noch danach geschafft, den Staatshaushalt auszugleichen und die Notenpresse stillzulegen. Erst durch die Verabschiedung der Gesetze am 27. November 1922 stabilisierte sich die Währung dauerhaft.

Der Völkerbund war Österreichs Rettung, und obwohl Österreicherinnen und Österreicher nicht die Einzigen waren, die internationale Hilfe brauchten, war ihr Staat das erste Land, welches durch den Völkerbund finanzielle Unterstützung erhielt. Dies war nicht etwa selbstverständlich, sondern ein Erfolg der Bemühungen der Finanzexperten des Völkerbunds, der Alliierten und der ausländischen Banken, trotz aller Schwierigkeiten einen Weg zu finden, das neue Österreich durch internationale Kooperation zu retten. Historiker und Schulbücher, welche den Siegermächten oder dem Völkerbund dabei bösartigen Eigennutz unterstellen, stärken Österreichs Selbstauffassung als Opfer der Nachkriegsordnung zu Unrecht. Die anschliessende Intervention des Völkerbundes, welche in Österreich von 1922 bis 1926 andauerte, bot jedoch der vom Opfersyndrom geprägten Geschichtsschreibung eine noch gebräuchlichere Grundlage, die Erste Republik fälschlich als vom Ausland unterdrückt und seiner Souveränität beraubt darzustellen.

2. Der Völkerbund in Österreich

Von Dezember 1922 bis Juli 1926 weilte der Holländer Alfred Zimmerman als Generalkommissar des Völkerbundes in Wien. 1869 in Amsterdam geboren, hatte er sich als antisozialistischer Bürgermeister Rotterdams einen Namen gemacht. Er sprach fließend Deutsch, und dass die Niederlande im Krieg neutral gewesen waren, hätte ihm die Arbeit auf seinem neuen Posten zusätzlich erleichtern sollen. Aber er hatte eine undiplomatische und gebieterische Umgangsweise, welche es der Regierung und Presse in Wien leicht machte, ihn fälschlich als Finanzdiktator zu diffamieren. Tatsächlich hatten ihm die Genfer Protokolle nämlich gar keine weitreichenden Vorrechte gegeben. Seine Befugnisse waren auf die vom Völkerbund zugesagte Anleihe beschränkt und er entschied nur über die Freigabe von Anleihesummen zur Deckung des Defizits. Außerdem konnte er bei Regierungsentscheidungen, welche die Einnahme aus dem Zoll- und Tabakmonopol betrafen, ein Veto einlegen, da letztere zur Rückzahlung der Anleihe vorgesehen waren. Der österreichischen Regierung konnte er hingegen nicht vorschreiben, wie sie die Anleihegelder benutzen sollte, noch wann oder wie sie Reformen durchführte, um den Staatshaushalt auszugleichen. Er stand der Regierung mit Rat und Tat zur Seite, besaß aber keine wirksamen Machtmittel, ihr seinen Willen aufzuzwingen. Das Wiederaufbaugesetz zur Völkerbundaktion, welche das österreichische Parlament am 27. November 1922 verabschiedete, erwähnte sein Amt nicht einmal.[1]

In der österreichischen Geschichtsschreibung wird Österreich oft als das Opfer der Völkerbundkontrolle dargestellt. Historiker Walter Goldinger zufolge nahm Österreich „große Opfer“ auf sich, weil es dem Völkerbund einen Generalkommissar zugestand, wel-

1 Bundesgesetzblatt für die Republik Österreich, Wien: 1922, Nr. 843, S. 1673–1693.

cher „mit scharfem Auge und harter Hand die Staatswirtschaft kontrollierte."[2] Sein Kollege Herbert Matis stimmte ihm zu und schrieb, die Völkerbundanleihe habe „große Opfer" verlangt, weil Österreich sich „einer ausländischen Finanzkontrolle unterwerfen" musste und verurteilte andernorts die „von den Gläubigern diktierte Kontrolle der österreichischen Finanzen."[3] Der *Bildatlas zur österreichischen Zeitgeschichte* sprach sogar von der „Neutralisierung" des österreichischen Parlaments und einer „Ausschaltung" der Regierung.[4] Österreichische Schulbücher betonten, dass der Bevölkerung „beträchtliche wirtschaftliche Opfer" durch die Völkerbundaktion abverlangt wurden.[5] Auch Regisseur Herbert Portisch zufolge hatten die Bedingungen der Völkerbundanleihe sowohl die Regierung „in weiten Bereichen ausgeschaltet" als auch „die Erholung der Wirtschaft auf Dauer versperrt", da Zimmerman die Regierung zu jeder „von ihm gewünschten Maßnahme zwingen" konnte, selbst aber „nur den Staatshaushalt im Auge hatte und wenig Verständnis für die Gesamtwirtschaft besaß."[6]

2 Walter Goldinger: Der geschichtliche Ablauf der Ereignisse in Österreich von 1918 bis 1945, in: Heinrich Benedikt (Hg.): Geschichte der Republik Österreich, München: Oldenbourg 1954, S. 15–288, hier: S. 132.

3 Herbert Matis: Der Schilling – ein wirtschaftshistorischer Rückblick, in: Klaus Liebscher und Wilfried Seipel (Hg.): Vom Schilling zum Euro, Kontinuität und Stabilität, Wien: 2002, S. 17–30, hier S. 17; Herbert Matis: Die Creditanstalt. Erinnerung an eine österreichische Bank, Nachwort des Herausgebers in: Fritz Weber: Vor dem großen Krach. Österreichs Banken in der Zwischenkriegszeit am Beispiel der Credit-Anstalt für Handel und Gewerbe, Wien: Böhlau 2016, S. 572–592, hier S. 581.

4 J. Wagner: Bildatlas der österreichischen Zeitgeschichte 1918–1938, Wien: Böhlau 2007, S. 123.

5 Franz Berger und Norbert Schausberger: Zeiten, Völker und Kulturen. Geschichte des 20. Jahrhunderts, Wien: Österreichischer Bundesverlag für Unterricht, Wissenschaft und Kunst 1972, S. 58; Oskar Achs, Eva Tesar und Manfred Scheuch: Gestern – heute – morgen. Aus Geschichte lernen. Nach dem Lehrplan 2004. Das 20. Jahrhundert, Wien: Österreichischer Bundesverlag 2005, S. 37.

6 Hugo Portisch: Österreich I. Die unterschätzte Republik. Ein Buch zur gleichnamigen Fernsehdokumentation von Hugo Portisch und Sepp Riff, Wien: Kre-

Solche verfehlten Ausführungen suggerieren die Kapitulation Österreichs vor dem Völkerbund, welche es Genf erlaubt habe, der österreichischen Regierung ihren Willen aufzuzwingen. Nach dem Zweiten Weltkrieg stützte ein solch verzerrtes Geschichtsbild den Opfermythos, indem es bereits die Erste Republik als ein Opfer, und zwar der Siegermächte und des Völkerbunds, darstellte. Im Folgenden soll aber gezeigt werden, dass trotz dieser weit verbreiten Auffassung die österreichische Regierung ganz entschieden kein hilfloses Opfer des Völkerbunds war und auch der Generalkommissar die Politik der Regierung nicht etwa dirigierte, sondern vielmehr von der Regierung für lange Zeit ignoriert wurde, bevor er sich dazu entschloss, sich mit ihr zu verbünden. Die österreichischen Regierungen und Staatsbeamte wussten sich durchaus zu behaupten, brachen Vereinbarungen mit dem Völkerbund und verfolgten ihre eigene, vom Ausland unabhängige, Finanz- und Geldpolitik. In hartnäckigen Verhandlungen wussten sie die Position Österreichs als ersten Nutznießer einer Völkerbundsanierung auszunutzen, um ihrem Land bestmögliche Konditionen zu sichern.

Der Völkerbundplan zu dem Seipel Österreich in Genf verpflichtet hatte, beruhte auf der noch zu emittierenden ausländischen Anleihe, mit der das Haushaltsdefizit zwei Jahr lang gedeckt werden sollte. Die Regierung hatte sich im Gegenzug dazu verpflichtet, in derselben Zeit den Staatshaushalt auf einer Höhe von $70 Millionen auszugleichen. Bald sollte sich jedoch erweisen, dass Bundeskanzler Seipel nicht daran dachte, sich an diese Verbindlichkei-

---

mayr & Scheriau 1989, S. 214–222. Siehe die ähnliche Charakterisierung Zimmermans bei Wilhelm J. Wagner: Bildatlas der österreichischen Zeitgeschichte 1918–1938, Wien: Böhlau 2007, S. 123: „Vom Funktionieren einer Gesamtwirtschaft verstand Zimmermann [sic] nichts. Wirtschaftswachstum, Produktivität, Exporterlös und Beschäftigung maß er keine Bedeutung zu, solange das Budget eine ausgeglichene Bilanz auswies." Ähnlich auch Karl Ausch: Als die Banken fielen, Wien, Frankfurt: Europa Verlag 1968, S. 110: „Dr. Zimmerman fühlte sich, wie man sieht, als der Finanzdiktator Österreichs, als der Mann, von dem die ganze Gewalt ausging und dem sich Parlament, Regierung und Gewerkschaften einfach unterzuordnen hatten."

ten zu halten. Die Regierung bestand auf einem höheren Budget und beseitigte das Defizit nicht durch Einsparungen, sondern mehrheitlich durch Steuererhöhungen. Völkerbund und Generalkommissar waren zwar empört, ließen Österreich aber gewähren, um die Rettungsaktion nicht zu gefährden, zumal Investoren mehr Wert auf ein ausgeglichenes als auf ein niedriges Budget legten. Mit dem Verschwinden des Defizits verschwand auch Zimmermans einzig wirksames Druckmittel, nämlich das Zurückhalten der monatlichen Überweisungen aus der Anleihe. Der Völkerbund und sein Generalkommissar waren also nicht mächtiger als die österreichische Regierung, welche ihre Position klug auszunutzen wusste. Aber Bundeskanzler Seipel und seinen Ministern kam es gelegen, das Gegenteil zu behaupten, um so die Schuld für die schmerzlichen Kosten der Währungsstabilisierung und der Ausgabenkürzungen dem Völkerbund anlasten zu können.

Beginn der Kontrolle

Bereits im November 1922 wurde klar, wie geschickt Bundeskanzler Seipel und seine Regierung es verstehen würden, sich den Wünschen der ausländischen Geldgeber zu entziehen. Bis zum Jahresende musste ein Direktor für die neue Österreichische Nationalbank berufen werden, und von Anbeginn waren sich Briten, der Völkerbund und die österreichische Regierung darin einig, dass die Position an einen Ausländer gehen sollte, um so das Vertrauen der Österreicher in die neue Geldpolitik zu stärken.[7] Als aber im Dezember Vertreter einer Wiener Großbank, der Bodencreditanstalt, den Gouverneur der Bank von England darum baten, die Ernennung eines Ausländers zu verhindern, fürchtete dieser zu Recht, sie wollten bloß jemanden, der ihnen zukünftig

7 Archiv der Bank von England, London: Brief von Spencer-Smith an Norman, 4. Dezember 1922, Austrian (Rehabilitation), OV/28/53.

zu leichten Krediten verhelfen würde.[8] Bundeskanzler Seipel setzte also ein klar unkooperatives Zeichen, als er den Direktor der Bodencreditanstalt Richard Reisch im Dezember 1922 zum Direktor der neuen Österreichischen Nationalbank ernannte. Dem Völkerbund und der Bank von England waren der Wiederaufbau in Österreich aber zu wichtig, um das Programm infolgedessen frühzeitig abzubrechen. Zudem ging es den beiden Organisationen um mehr als nur um Österreich: Der junge Völkerbund suchte einen Erfolg, um seine Existenz zu rechtfertigen, und die Bank von England hoffte, eine gelungene Stabilisierung der österreichischen Krone auch auf die hyperinflationäre Reichsmark anzuwenden. Und da der Stabilisierungsplan vornehmlich auf der Völkerbundanleihe und der Tilgung des Budgetdefizits beruhte, war die Personenwahl des Nationalbank-Präsidenten letztendlich für einen ersten Erfolg unerheblich.

Hinter den Kulissen bestand Zimmerman daher darauf, dass die österreichische Regierung 1923 unverzüglich mit den Einsparungen im Staatshaushalt beginne, aber auch dazu war Bundeskanzler Seipel nicht gewillt.[9] Denn die Staatsausgaben durch Kürzung der Gehälter und Pensionen zu schmälern war unpopulär. Stattdessen beseitigte die Regierung das Haushaltsdefizit durch Steuererhöhungen. Um die zukünftige Anleihe nicht zu gefährden, lobte Zimmerman die Regierung öffentlich, versuchte aber, den Bundeskanzler schriftlich von der Wichtigkeit der Kürzungen zu überzeugen. Seipel reagierte auf die wiederholten Aufforderungen des Generalkommissars gereizt und antwortete in einem langen Brief am 20. Januar 1923, dass er sich den Forderungen des Völkerbundes widersetzen werde:

8 Archiv der Bank von England, London: Brief von Norman an Spencer-Smith, 6. Dezember 1922, Austrian (Rehabilitation), OV/28/53.

9 Völkerbundarchiv Genf: Brief von Zimmerman an Seipel, 5. Januar 1923, League of Nations Secretariat, Economic and Financial Section, Section files, Files of Sir James Arthur Salter, Reconstruction of Austria, Correspondence with Commissioner General and Staff at Vienna, S109/59/2.

> Wenn ich gezwungen wäre, Maßnahmen in Kraft zu setzen, die nicht in den Genfer Protokollen, weder im Wiederaufbaugesetz noch in dem gemeinsam mit dem Völkerbund ausgearbeiteten Plan zur Finanzreform, enthalten sind, und zwar zu einem Zeitpunkt, an dem ich diese Maßnahmen nicht mit Erfolg umsetzen kann, dann wäre ich nicht mehr der Bundeskanzler und mit der höchsten Verantwortung gegenüber seinem Land betraut, sondern nur noch der ausführende Vertreter eines ausländischen Willens.[10]

Nicht zuletzt durch Seipels forschen Ton wurde deutlich, dass der Bundeskanzler an einer engen Zusammenarbeit mit Zimmerman nicht interessiert war, woraufhin der Generalkommissar beschloss, den Brief unbeantwortet zu den Akten zu legen.

Während der nicht öffentlichen Sitzungen in Paris, beschwerte sich Generalkommissar Zimmerman über Seipels fehlende Kooperationsbereitschaft, aber um das Vertrauen ausländischer Investoren nicht aufs Spiel zu setzten, vermied es der Völkerbund vorerst, Österreichs mangelhafte Sparpolitik laut zu kritisieren.[11] Die internationale Völkerbundanleihe für Österreich, welche im Juni 1923 emittierte wurde, war infolgedessen ein durchschlagender Erfolg und Investoren liehen Österreich $160 Millionen Dollar.[12] Aber auch danach schenkte die österreichische Regierung Generalkommissar Zimmerman kein Gehör. Bundeskanzler Seipel argumentierte, dass im Oktober Wahlen anstünden und bedeutende Einsparungen bis dann nur der Opposition in die Hände spielen würden. Nachdem die Wahlen ihn aber im Amt bestätigt hatten,

---

10 Völkerbundarchiv, Genf: Brief von Seipel an Zimmerman, 20. Januar 1923, League of Nations Secretariat, Economic and Financial Section, Section files, Files of Sir James Arthur Salter, Austria – Sub-Committee of Council, S111/61/2.

11 Völkerbundarchiv, Genf: Minutes of the Austrian Sub-Committee of the Economic Committee of the Council, Paris, January 1923, League of Nations External Fonds, Financial Reconstruction of Austria (Office of the Commissioner General at Vienna), Minutes and Reports, C36/36/6/4d.

12 Britisches Nationalarchiv, London: Telegramm von Barclay an Curzon, 12. Juni 1923, FO371/8542/C10613.

präsentierte sein Finanzminister Victor Kienböck einen Budgetplan für 1924, in dem der Staatshaushalt noch immer $110 Millionen ausmachte und sogar ein kleines Defizit vorsah. Damit lagen die Staatsausgaben zwar 30 Prozent niedriger als 1923, aber noch immer höher, als mit der Völkerbunddelegation ursprünglich vereinbart worden war. Grund für den Wortbruch waren die politisch opportune Erhöhung von Löhnen und Pensionen der Staatsangestellten und das höhere Arbeitslosengeld, aber auch eine geplante Elektrifizierung der Eisenbahn, wofür höhere Zölle, Einkommens- und Warenumsatzsteuern aufkommen sollten.[13]

Zimmerman war weiterhin bereit, eine öffentliche Konfrontation einstweilen zu meiden, da ihm Kienböck versprach, den Staatshaushalt bis Ende 1924 auszugleichen. Jedoch warnte der Generalkommissar, dass die unerwartet hohen Steuereinnahmen nicht auf immer Bestand haben könnten.[14] Nichtsdestotrotz einigte sich Finanzminister Kienböck mit den Bundesangestellten erneut auf ein erhöhtes Lohnabkommen, ohne dies zuvor mit Zimmerman besprochen zu haben. Der Erfolg der Völkerbundanleihe hatte gezeigt, dass ausländische Investoren sich keine Sorgen über die Höhe des Staatshaushaltes machten, solange dieser ausgeglichen war. Und der stete Anstieg der staatlichen Steuereinnahmen und der Wiener Börsenkurse schien der österreichischen Fiskalpolitik Recht zu geben. Von März bis Oktober 1923 hatten sich die Aktienkurse an der Wiener Börse sogar verdreifacht, aber als im März 1924 die

13 Siehe Korrespondenz zwischen Zimmerman und Kienböck und Hans Patzauers Memoranda zur Gehaltsreform in Völkerbundarchiv, Genf: League of Nations External Fonds, Financial Reconstruction of Austria (Office of the Commissioner General at Vienna), Reforms and Salaries, C24/24/5/6h und Völkerbundarchiv, Genf: Unterredung mit dem Herrn Finanzminister Dr. Kienböck, am 10. November 1923, League of Nations External Fonds, Financial Reconstruction of Austria (Office of the Commissioner General at Vienna), Budget 1922-1927, C20/20/5/6b-1.

14 Völkerbundarchiv, Genf: Brief von Zimmerman an Kienböck, 31. Januar 1924, League of Nations External Fonds, Financial Reconstruction of Austria (Office of the Commissioner General at Vienna), 1922–1925, Agreement with Austrian Government concerning budget and future economics, C19/19/5/6.

Französische Nationalbank mit Hilfe eines amerikanischen Großkredites den anhaltenden Fall des französischen Francs überraschend stoppte, platzte in Wien die Börsenblase und mit ihr die gute Konjunktur. Österreichische Spekulanten, die durch Zeitgeschäfte beim französischen Franc zu profitieren gehofft hatten, mussten nun Aktienpakete abstoßen, um ihren Verbindlichkeiten im April, Mai und Juni nachzukommen – mit den außerordentlichen hohen Staatseinnahmen aus Luxussteuern und Importzöllen war es damit in Österreich vorbei. Aber die österreichische Regierung, welcher es bis dahin gelungen war, Zimmerman und den Völkerbund weitestgehend zu ignorieren, bestand auch in schlechteren Zeiten darauf, selbst über ihren Staatshaushalt zu bestimmen und sich weder dessen Höhe noch das Tempo der Reformen aus Genf diktieren zu lassen.

Nachsicht bei der Aufsicht

Die Dauer der Völkerbundaktion in Österreich war auf zwei Jahre ausgelegt gewesen, aber der Sturz der Wiener Börse zu Beginn des zweiten Jahres schien ihren Erfolg und damit den Erfolg ähnlicher geplanter Projekte für Ungarn und Danzig in Frage zu stellen. Kurz vor dem Kurseinbruch hatte die österreichische Regierung jedoch in Genf darum gebeten, die Vereinbarungen von 1922 dahingehend zu ändern, Österreich höhere Staatsausgaben zuzugestehen, den Rest der Anleihe für die Elektrifizierung der Bundesbahnen freizugeben und zu erörtern, wie und wann die Kontrolle beendet werden würde. Generalkommissar Zimmerman, welcher ein rechtzeitiges Ende der Völkerbundaktion befürwortete, unterstützte die österreichischen Begehren, aber das Finanzkomitee des Völkerbundes zog es angesichts der Börsenkrise vor, mit Antworten vorerst zu warten.[15] Im Juni 1924 reiste Finanzminister Kienböck mit ei-

15 Völkerbundarchiv, Genf: Protokoll der 4. Sitzung vom 12. März 1924, League of Nations Secretariat, Economic and Financial Section, Registry files (1919–

nem Budgetvoranschlag nach Genf und präsentierte dem Finanzkomitee einen Staatshaushalt für 1925 von über $104 Millionen, der somit nur knapp unter dem des Vorjahres lag. Kienböck argumentierte, dass Preise in Österreich seit 1922 um 30 Prozent gestiegen seien und daher auch die Löhne und Pensionen erhöht werden müssten. Zimmerman bekräftigte diesen Standpunkt und betonte, dass Einsparungen nur noch durch Entlassungen oder administrative Umbildungen möglich wären, welche nurmehr allmählich geschehen könnten.[16] Das Finanzkomitee war jedoch noch immer über die Stabilität in Österreich besorgt und berief sich auf das verschlechterte Handels- und Zahlungsdefizit, welche die Währungsstabilität gefährden könnten, um erneut ihre Antworten auf die nächste Sitzung im Herbst zu verschieben.[17]

Als im September Finanzminister Kienböck dem Finanzkomitee, abermals mit Unterstützung des Generalkommissars, ein Bud-

---

1927), Financial reconstruction of Austria, Procès-Verbaux of the Sessions of the Austrian Sub-Committee of the Council, R525/10B/26194; Völkerbundarchiv, Genf: Brief von Grünberger an Zimmerman, 10. März 1924, League of Nations External Fonds, Financial Reconstruction of Austria (Office of the Commissioner General at Vienna), 1922–1925, C19/19.

16 Völkerbundarchiv, Genf: Protokoll der 3. Sitzung vom 12. Juni 1924, League of Nations Secretariat, Economic and Financial Section, Registry files (1919–1927), Economic and Financial Section – General, Provisional Economic and Financial Commission, Finance Section, Second Session, Minutes of the 15th Session of the Finance Committee, Geneva, 11–17 June 1924, R336/10/37050/11519; Völkerbundarchiv, Genf: League of Nations Secretariat, Economic and Financial Section, Section files, Files of Sir James Arthur Salter, Austria–1924 Budget, S113/63/5.

17 Völkerbundarchiv, Genf: Protokoll der 6. Sitzung vom 14. Juni 1924, League of Nations Secretariat, Economic and Financial Section, Registry files (1919–1927), Economic and Financial Section – General, Provisional Economic and Financial Commission, Finance Section, Second Session, Minutes of the 15th Session of the Finance Committee, Geneva, 11–17 June 1924, R336/10/37050/11519; Völkerbundarchiv, Genf: Report by Financial Committee and the Commissioner General forwarded by the Austrian Committee to the Council, 14. Juni 1924, Collections, Official Documents (League of Nations), Council, Papers, Council Documents, 1924, C.265-310 (2), C-301-1924-II_EN.

get über $100 Millionen präsentierte, gingen die Expertenmeinungen zum ersten Mal auseinander. Einige der Komiteemitglieder waren bereit, den österreichischen Vorschlag anzunehmen, andere fürchteten jedoch den schlechten Eindruck, welcher ein zu großes Budget auf ausländische Investoren machen könnte. Als Kompromiss schlug das Finanzkomitee die Summe von $99 Millionen vor, womit Kienböck sich wiederum nur dann einverstanden zu zeigen bereit war, wenn er den Abzug buchhalterisch, nämlich durch das Ausscheiden der Universitäten aus dem Bundeshaushalt, erzielen durfte. Das Finanzkomitee akzeptierte nach einiger Diskussion auch diesen Kompromiss unter der Bedingung, dass der Bundeskanzler eine Reihe ausstehender Einsparungen in der Zukunft durchzuführen versprach. Hingegen wurde die Elektrifizierung der Bundesbahnen aus dem Anleiherest verweigert und die Kontrolle verlängert, und zwar bis zu dem Zeitpunkt, an dem die Regierung die Einsparungen umgesetzt hatte und Experten die finanzielle Stabilität Österreichs bestätigten.[18]

Die Beziehung zwischen der bedürftigen Republik und dem Völkerbund hatte sich zu Österreichs Vorteil entwickelt. Die österreichische Regierung hatte es mit Hilfe des Völkerbundes geschafft, eine neue Notenbank zu gründen, eine internationale Anleihe auszugeben und somit die Währung und den Staatshaushalt zu stabilisieren. Im Gegenzug hatte sie sich zwar zu einem Sanierungsplan verpflichtet, den aber nur so umgesetzt, wie sie es für sich selbst als vorteilhaft empfand. Der Generalkommissar in Wien, welcher die Einhaltung der Vereinbarungen überwachte, wurde dabei durchgehend ignoriert, denn er hatte keine wirkliche Handhabe, die Regierung zu Einsparungen zu zwingen, nachdem das Defizit verschwunden war. Vor der Ausgabe der Anleihe hatte der Völkerbund

18 Völkerbundarchiv, Genf: Protokolle der Sitzungen im September 1924, League of Nations Secretariat, Economic and Financial Section, Registry files (1919–1927), Economic and Financial Section – General, Provisional Economic and Financial Commission, Finance Section, Second Session, Minutes of the 16th Session of the Finance Committee, Geneva, September 1924, R336/10/38806/11519.

mit Nachsicht gehandelt, um die Emission nicht zu gefährden. Aber auch nach dem Börsenkrach von 1924 war Finanzminister Kienböck nicht bereit, ursprüngliche Verpflichtungen ohne Widerspruch zu akzeptieren und sich den Forderungen des Finanzkomitees zu fügen. Da der Völkerbund, auch um ähnliche Projekte nicht zu gefährden, einen öffentlichen Konflikt vermeiden wollte, konnte die österreichische Regierung sich ihren Verbindlichkeiten entziehen. Nachdem Österreich das Geld erhalten hatte, war die Fortsetzung der Aufsicht das einzig verbleibende Mittel, um Kompromisse zu erzwingen. Kienböck ließ sich daher nicht beirren und handelte geschickt eine Zustimmung für sein Budget aus, obwohl er auf Einsparungen verzichtete. Denn der Finanzminister und die Regierung wussten, wollte der Völkerbund sich nicht selbst bloßstellen, würde die Intervention in Österreich eher früher als später für gelungen erklärt und zu Ende geführt werden müssen.

In Österreichs Tagespresse hingegen wurde das Kräftemessen zwischen Wien und Genf gegenteilig dargestellt. Nur die liberale *Neue Freie Presse* war in ihrer Berichterstattung sowohl der Regierung gegenüber kritisch als auch dem Völkerbund gegenüber wohlgesinnt. Konservative Blätter wie die *Reichspost* erweckten den Eindruck eines herrischen Völkerbunds und furchterregenden Generalkommissars, die in Verhandlungen stets die Oberhand behielten, eine Darstellung, welche es der Regierung erlaubte, die Verantwortung für Finanzkrisen oder Wirtschaftspleiten dem Völkerbund zuzuschreiben. Selbst die Blätter der sozialistischen Opposition teilten diese Ansicht, denn sie demütigte die Regierung und zeigte sie als schwach und hilflos. Die Berichterstattung der Wiener Presse war also, was den Völkerbund und seinen Generalkommissar anging, größtenteils negativ geprägt. Solch politisch motivierte Presseberichte wurden jedoch von vielen Historikern nach dem Zweiten Weltkrieg, welche Österreich als ein Opfer der Zwischenkriegszeit darstellten, für bare Münze genommen. Wie sehr der politische und öffentliche Diskurs in Österreich das Kräfteverhältnis zum Völkerbund verzerrt darlegte, soll anhand zweier Karikaturen, welche im Zuge der Genfer Verhandlungen im September 1924 in der sozialistischen *Arbeiter-Zeitung* erschienen, illustriert werden.

Nachdem Finanzminister Kienböck und Bundeskanzler Seipel in Genf mit dem Völkerbund verhandelten hatten, druckte die *Arbeiter-Zeitung* am 19. September eine Karikatur, welche die österreichischen Politiker als gedemütigte Verlierer der Gespräche darstellte (Abb. 2.1). Um den konfliktgeladenen Charakter der Verhandlungen besser zu illustrieren, verwandelte die Abbildung den modernen Völkerbund in ein mittelalterliches Ritterspiel. Hoch zu Ross reitet Bundeskanzler Seipel in der Abbildung nach Genf, um dort gegen den Generalkommissar im Zweikampf anzutreten. Auch seine Begleiter, Finanzminister Kienböck und Außenminister Alfred Grünberger, sind als berittene Knappen mitgereist. Seipel gibt sich vor dem Wettkampf siegessicher und erklärt, er werde Zimmerman bezwingen, aber ehe er sich versieht, kommt der Generalkommissar mit voller Wucht herangeprescht, so dass Seipels Pferd vor Schreck erstarrt. Zimmerman hebt den Bundeskanzler mit der Lanze aus dem Sattel und auch die Knappen fallen von ihren Eseln. Siegreich und herrisch kehrt Zimmerman nach Wien zurück und lässt dabei seine erniedrigten Gegner den langen Weg zu Fuß gehen.

Die Karikatur stellt den Bundeskanzler als einen bedauernswerten und den Generalkommissar als einen unaufrichtigen Charakter dar. Die Unredlichkeit Zimmermans wird durch Seipels Aussage, er sei eine „falsche Schlange“, vorausgeschickt. In der Tat hält sich Zimmerman nicht an die Turnierregeln und bestürmt den Bundeskanzler ohne Vorwarnung. Sogar die beiden aufrückenden Knappen werden vom schlagartigen Angriff Zimmermans miterfasst. Seipel, welcher es besser hätte wissen sollen, wird durch die hinterlistige Art seines Rivalen besiegt. Die Niederlage ist beschämend: Seipel und seine Begleiter, ihrer Lanzen entledigt und nur noch zu Fuß, bleiben wehrlos. Der kurzsichtige Bundeskanzler kann nicht einmal mehr anführen und wird, seiner Brille verlustig, von den entwaffneten Ministern nach Hause geleitet. Anstatt Zimmermans Unterstützung hervorzuheben, die es der österreichischen Delega-

Abb. 2.1: Siegers Heimkehr.
Quelle: Österreichische Nationalbibliothek. Die Arbeiter-Zeitung, 19. September 1921, S. 7.

tion ermöglichte, in Genf Erfolge zu erzielen, wird die Regierung als Opfer seiner machtvollen Feindschaft stilisiert.

Auch die zweite Karikatur, aus der *Arbeiter-Zeitung* vom 24. September, zeigte Bundeskanzler Seipel bei Österreichs jüngsten Verhandlungen mit dem Völkerbund in Genf (Abb. 2.2). Diesmal wird der Völkerbund als die reiche Verwandtschaft des Bundeskanzlers gezeichnet, welche ihn mit Freuden bei sich empfängt. Die völker-

Abb. 2.2: Wie es dem guten Onkel ...
Quelle: Österreichische Nationalbibliothek. Die Arbeiter-Zeitung, 24. September 1921, S. 7.

umfassende Familie hört Seipels Begehren nach neuen Krediten gespannt zu und verspricht dem verzweifelten Gast ihren Beistand. Aber statt der erhofften Finanzhilfe versichert sie dem Bundeskanzler nur ihr Vertrauen, dass er sich durch Einsparungen auch ohne ihre Kredite zu helfen wissen wird. Der Bundeskanzler hat von seiner heuchlerischen Familie tatkräftige Hilfe erwartet und sich von deren falscher Anteilnahme täuschen lassen. Die Arglosigkeit des Bundeskanzlers wird dadurch hervorgehoben, dass er nicht bemerkt, wie das japanische Familienmitglied seinen Schirm und Hut respektlos beschädigt. Die intrigante Völkerbundfamilie erweist sich als verlogen, da sie Mitgefühl vormacht und dem ahnungslosen Seipel vorgibt, ihm zu helfen, dies aber nicht tut. Der Bundeskanzler findet sich letztlich ramponiert und, sichtlich gekränkt, von der Völkerbundfamilie mit leeren Händen auf die Straße gestellt.

Keine der beiden Karikaturen widerspiegelte die Verhandlungen in Genf auch nur ansatzweise korrekt. Zwar hatte der Völkerbund die Kontrolle in Österreich vorerst verlängert, so dass der Generalkommissar, wie in der ersten Karikatur, in der Tat nach Wien zurückkehrte. Aber bei den Gesprächen mit dem Finanzkomitee schlug sich Zimmerman auf die Seite der Österreicher. Er verteidigte deren Standpunkt und unterstützte deren Anträge für höhere Staatsausgaben und für eine Verwendung der Anleihe zur Elektrifizierung der Bundesbahnen. Der Generalkommissar hatte in den Gesprächen die österreichische Delegation weder bekämpft noch war sie durch ihn erniedrigt worden. Auch die zweite Karikatur welche den Völkerbund als verlogene Familie zeichnete, die Brüderlichkeit nur vorheuchelt, war irreführend. Österreich hatte in Genf nicht um Kredite gebeten, sondern darum, den Rest der Anleihe zur Elektrifizierung der Bundesbahnen einzusetzen. Der Völkerbund hatte zwar das Begehren abgelehnt, denn die Anleihe war nur für einen bestimmten Zweck, nämlich die Budgetsanierung, aufgenommen worden. Aber der viel wichtigeren Bitte nach einem höheren Staatshaushalt hatte der Völkerbund zugestimmt und auch entschieden, wie und wann die Kontrolle beendet werden würde. Die österreichische Delegation hatte in Genf nicht etwa falsche Anteilnahme, sondern Kompromissbereitschaft angetroffen und kehrte, nicht zuletzt dank Zimmermans Unterstützung, mit klaren Aussichten auf ein Ende der Kontrolle nach Wien zurück.

Beide Karikaturen bekräftigten mit solch verzerrten Darstellungen der politischen Realität die populäre Ansicht, Österreich und seine Regierung würden vom Völkerbund und seinem Generalkommissar zu Unrecht und auf unrechte Weise schikaniert. Wie wir bereits gesehen haben, war aber das Gegenteil der Fall. Die Völkerbundkontrolle hat sich für Österreich, welches eine internationale Anleihe hatte aufnehmen wollen, als günstig herausgestellt. Der Völkerbund hingegen versuchte erfolglos, die österreichische Regierung dazu zu bewegen, sich an Vereinbarungen zu halten. Und Generalkommissar Zimmerman, der von den Staatsbeamten brüskiert worden war, unterstützte am Ende die wichtigen Anliegen der österreichischen Regierung in Genf. Die Verhandlungen im September zeigten, dass es beim Kräftemessen zwischen Österreich und dem Völkerbund keine eindeutigen Gewinner und Verlierer gab. Vielmehr hatten beide Seiten in zähen Debatten versucht ihre Interessen zu wahren, wobei es den österreichischen Vertretern immer wieder gelang, für ihr Land günstige Kompromisse auszuhandeln.

Geldpolitik

Als ein weiteres wichtiges Beispiel für die Autonomie österreichischer Behörden während der Völkerbundkontrolle soll hier noch die Geldpolitik der Österreichischen Nationalbank in Erwägung gezogen werden. Nachdem mit Richard Reisch ein Österreicher zum Präsidenten der Nationalbank gewählt worden war, wurde dem Institut auf Vorschlag der Regierung ein ausländischer Berater zugeteilt. Inländische Beobachter und spätere Historiker sahen in dieser Position den Versuch ausländischer Interessen, die monetäre Politik der Österreichischen Nationalbank zu lenken. Clemens Jobst und Hans Kernbauer betonen sogar, die Nationalbank habe keine Entscheidungen über Reserven oder Diskontsatz fällen können, ohne die offizielle Zustimmung des Beraters einzuholen.[19] In Wirklichkeit aber verteidigten die Berater meist die Position der Österreichischen Nationalbank gegen ausländische Kritik. Der Schweizer Charles Schnyder von Wartensee, welcher sein Amt im Sommer 1923 aufnahm, rechtfertigte die österreichische Geldpolitik gegen Vorwürfe von Seiten Montagu Normans, dem Gouver-

19 Clemens Jobst und Hans Kernbauer: Die Bank. Das Geld. Der Staat. Nationalbank und Währungspolitik in Österreich 1816–2016, Frankfurt a. M.: Campus Verlag 2016, S. 161.

neur der Bank von England, Reisch betreibe Inflation. Der Niederländer Anton van Gijn, welcher den Posten im Juni 1924 übernahm, schrieb Norman kurz darauf, es bestehe keine Gefahr für Österreichs Währungsstabilität und die City schenke der österreichischen Geldpolitik nicht genug Vertrauen. Auch Van Gijn's Nachfolger, der Brite Robert Kay, welcher noch nach Ende der Völkerbundkontrolle bis 1929 auf seinem Posten verblieb, setzte sich für die Richtigkeit der Geldpolitik der Österreichischen Nationalbank bei ausländischen Kreisen ein.[20]

Einige österreichische Historiker haben trotzdem wiederholt behauptet, dass unter dem Druck der Englischen Notenbank der Diskontsatz in Österreich zu hochgehalten worden sei.[21] Karl Ausch zufolge, war es sogar die durch Norman „der Nationalbank aufgezwungene Währungs- und Kreditpolitik, die für die Verschärfung der Wirtschaftskrise und die steigende Arbeitslosigkeit auch in Österreich verantwortlich war."[22] Aber in der Tat widersetzte sich Richard Reisch den Forderungen Normans, das Zinsniveau anzuheben. In Folge des Börsenkrachs stand im August 1924 der Diskontsatz der Österreichischen Nationalbank bei 15 Prozent und aus London kamen Warnungen, jede Reduktion komme nahezu „einem Selbstmord" gleich.[23] Trotzdem wurde der Diskontsatz im November auf 13 Prozent reduziert. Als Reisch daraufhin im Dezember nach London fuhr, um seine Geldpolitik zu erläutern und dabei wei-

---

20 Nathan Marcus: Les conseillers étrangers à la Banque nationale d'Autriche 1923–1929, in: Contrôle ou coopération? Histoire, économie et société, 35 (2016) 4, S. 8–20.

21 Fritz Weber: Vor dem großen Krach. Österreichs Banken in der Zwischenkriegszeit am Beispiel der Credit-Anstalt für Handel und Gewerbe, Wien: Böhlau 2016, S. 145–146.

22 Karl Ausch: Als die Banken fielen, Wien, Frankfurt: Europa Verlag 1968, S. 182–183.

23 Archiv der Bank von England, London: Briefe von Niemeyer an Kienböck und Franckenstein, 31. Oktober 1924, Sir Otto Niemeyer's files, Austria 1925, OV/9/391; Archiv der Bank von England, London: Brief von Norman an van Gijn, 25. Oktober 1924, Sir Otto Niemeyer's files, Austria National Bank, OV/9/384.

tere Reduktionen in Aussicht stellte, bestand Norman darauf, den Diskontsatz unverändert zu lassen.[24] Im März fuhr Reisch erneut nach London, um Normans Zustimmung für eine Senkung des Diskontsatzes doch noch zu erwirken. Norman schlug hingegen vor, den Diskontsatz in Österreich sogar für einige Monate zu erhöhen, ein Ansinnen, dem sich Reisch widersetzte.[25] Österreichische Bankiers und die Regierung wollten sich den guten Ruf in London nicht verderben und baten Reisch daher, den Diskontsatz unverändert zu lassen. Reisch verschob den Entscheid, brachte aber die österreichischen Geschäftsbanken dazu, zunächst ohne die Nationalbank ihre Zinssätze zu verringern, bevor am 24. April 1925 auch der Generalrat der Österreichischen Nationalbank einstimmig den offiziellen Diskontsatz von 13 auf 11 Prozent senkte.[26]

Es entspricht nicht den Tatsachen, wenn behauptet wird, aufgrund des Drucks der Bank von England sei der Diskontsatz in Österreich zu hochgehalten und somit der Wirtschaft und der politischen Stabilität Schaden zufügt worden. In Wahrheit widersetzte sich Reisch den Wünschen Normans und reduzierte den Diskontsatz, ohne auf ausländische Ansichten Rücksicht zu nehmen, weiter bis auf 9 Prozent im September 1925. Ohne Kapitalabgänge wichtiger ausländischer Kreditoren zu riskieren, hätte die Nationalbank den Diskontsatz ohnehin nicht weiter senken können, denn in Deutschland und Ungarn stand er auf 9 Prozent, in Polen auf 10 und in der Tschechoslowakei und Italien auf 7 Prozent. Es

24 Archiv der Bank von England, London: Second Interview with Dr. Reisch, 10. Dezember 1924, Oesterreichische Nationalbank, OV28/29; Völkerbundarchiv, Genf: The Dispute between the Bank of England and the Austrian National Bank, 17. Januar 1925, League of Nations Secretariat, Economic and Financial Section, Section Files, Files of Sir James Artur Salter, Situation in Austria, Events subsequent to 1924 Assembly, S111/61/4.

25 Archiv der Bank von England, London: Interview between Baron Franckenstein, Dr. Reisch, Dr. Brauneis and the Governor, 17. März 1925, Oesterreichische Nationalbank, OV/28/30.

26 Archiv der Österreichischen Nationalbank, Wien: Protokoll der 28. am 23. März abgehaltenen Sitzung des Generalrates und Protokoll der 29. am 24. April abgehaltenen Sitzung des Generalrates.

ist möglich, dass die Reduktionen etwas bedächtiger vorgenommen wurden, um Norman nicht zu verärgern, aber es kann nicht davon gesprochen werden, dass die Nationalbank vom Ausland oder durch den ausländischen Berater gezwungen wurde, ein Zinsniveau aufrecht zu halten, welches sonst viel tiefer und der Wirtschaft förderlicher gewesen wäre.

Ende der Kontrolle

Bundekanzler Seipel trat im Oktober 1924 zurück und überließ es seinem Nachfolger Rudolf Ramek, die Völkerbundintervention erfolgreich zu Ende zu führen. Österreich hatte sich im September 1924 dazu verpflichtet, den Staatshaushalt auf der Höhe von $99 Millionen permanent auszugleichen. Im April 1925 zeichnete sich jedoch bereits ab, wie schwierig dies werden sollte. Die Staatseinnahmen waren in Folge des Börsenkrachs gefallen und die Arbeitslosenzahl auf über 200.000 gestiegen, so dass sich im April ein Budgetdefizit von $16 Millionen abzeichnete.[27] Den Experten des Völkerbunds wurde jedoch klar, dass ihr Programm in Österreich zu Ende gebracht werden musste, wollte man noch von einem Erfolg sprechen können. Der Völkerbundrat begann bereits im Sommer 1925, das Ende der Völkerbundkontrolle in Erwägung zu ziehen, aber für einige Mitglieder des Finanzkomitees bargen die kurzfristigen Auslandseinlagen ein noch zu großes Risiko. Ein Expertenbericht, der im September dem Völkerbund vorgelegt wurde, sprach daher ermutigend von Österreichs wirtschaftlicher Lebensfähigkeit, riet aber den Banken, ihre kurzfristigen im Ausland aufgenommenen Kredite in langfristige umzuwandeln, um neue Krisen zu vermeiden.[28] Generalkommissar Zimmerman kam

---

27 Fritz Weber: Die Weltwirtschaft und das Ende der Demokratie in Österreich, in: Erich Frösch (Hg.): Der 4. März 1933. Vom Verfassungsbruch zur Diktatur, Wien: Verlag der Wiener Volksbuchhandlung 1984, S. 38.

28 Völkerbundarchiv, Genf: Protokoll der 1. Sitzung vom 5. September 1925, League of Nations Secretariat, Economic and Financial Section, Registry files (1919–

Österreich noch einmal zu Hilfe, bestätigte, dass der Staatshaushalt für 1925 und 1926 zwar $103 Millionen betrug, aber dafür ausgeglichen war, und er daher das Ende der Kontrolle befürworte.[29] Der Völkerbundrat schlug daraufhin vor, die Kontrolle im Juni 1926 zu beenden, so dass Zimmerman bereits im Dezember 1925 Wien verlassen konnte, nachdem die Regierung einem Verbleib des ausländischen Beraters bei der Nationalbank zugestimmt hatte.[30]

Dank der Völkerbundkontrolle war es der jungen Republik gelungen, eine internationale Anleihe aufzunehmen, welche Österreichs Staatshaushalt sanierte. Generalkommissar Zimmerman und der Völkerbund brachten es aber daraufhin nie fertig, die Fiskalpolitik der Regierung maßgeblich zu beeinflussen. Denn die Regierungen von Bundeskanzler Seipel und Ramek entschieden selbständig über die Höhe und Art der Staatsausgaben und erhielten durch beharrliches Verhandeln jeweils auch die Billigung des Völkerbunds. Auch die Österreichische Nationalbank betrieb eine eigenständige Geldpolitik und behauptete sich gegen wiederholte Druckversuche der Bank von England. Wenn Historiker und Schulbücher daher von großen „Opfern" schreiben, welche gerade die Völkerbundkontrolle Österreich auferlegte, dann muss dies als Teil der politisch motivierten Geschichtsschreibung verstanden werden, welche nach dem Zweiten Weltkrieg den österreichischen Opfermythos stützte, indem sie auch die Erste Republik als ein Opfer fremder Interessen darzustellen suchte. Dabei kam es ihr zu Hilfe,

1927), Financial reconstruction of Austria, Procès-Verbaux of the Sessions of the Austrian Sub-Committee of the Council, Minutes of the 8th Session of the Austrian Sub-Committee of the Council, Geneva, September 1925, R525/10B/46122/26194.

29 Völkerbundarchiv, Genf: Protokoll der 6. Sitzung vom 5. September 1925, Collections, Official Documents (League of Nations), Economic and Financial Organization, Provisional Economic and Financial Commission – Financial Committee, Financial Committee – Vol. 6-P.V.-18-19 Sessions.

30 Völkerbundarchiv, Genf: Protokoll der 14. Sitzung vom 9. September 1925, Collections, Official Documents (League of Nations), Economic and Financial Organization, Provisional Economic and Financial Commission – Financial Committee, Financial Committee – Vol. 6-P.V.-18-19 Sessions.

dass auch Presseberichte und Politiker die Meinung äußerten, Generalkommissar Zimmerman und der Völkerbund hätten meist gegen den Willen und nicht im Interesse Österreichs gehandelt. In Wirklichkeit war aber die Völkerbundintervention für Österreich von beträchtlichem Vorteil, denn die Republik, ohne ihre finanzpolitische Souveränität wirklich aufzugegeben, hatte mit Hilfe der Anleihe den Staatshaushalt saniert und die Währung stabilisiert. Die österreichische Wirtschaft erzielte daher auch in den Jahren nach Ende der Völkerbundkontrolle die höchsten Wachstumsraten der Zwischenkriegszeit, bis 1929 und 1931 die zwei letzten Wiener Großbanken überraschend ihre Schalter schließen mussten und somit Österreich in eine erneute Finanzkrise stürzten.

3. Die Bankenkrisen von 1929 und 1931

Die Allgemeine Bodencreditanstalt und die Österreichische Credit-Anstalt für Handel und Gewerbe, beide Großbanken der Donaumonarchie, kamen 1929 beziehungsweise 1931 in finanzielle Schwierigkeiten. Damit fand auch der kurze wirtschaftliche Aufschwung, welcher mit Ende der Völkerbundkontrolle in Österreich eingesetzt hatte, ein Ende. Bei der Bodencreditanstalt hatte deren ehrgeiziger und skrupelloser Präsident Rudolf Sieghart mit Hilfe der Österreichischen Nationalbank jahrelang unrentable Konzerne über Wasser gehalten, unangemessene Dividenden ausgezahlt und sein Institut hierfür übermäßig verschuldet. Die Bodencreditanstalt erlitt zuletzt beim Kauf der vom Spekulanten Siegmund Bosel heruntergewirtschafteten Unionbank im Jahre 1927 große Verluste, woran auch die im selben Jahr erfolgte Einverleibung der gesunden Vereinsbank nichts ändern konnte.[1] Als ab 1928 in den Vereinigten Staaten die Zinsen anstiegen und Sieghart auch bei der Österreichischen Nationalbank nicht mehr an neue Kredite zu kommen wusste, musste die Bank über Nacht von der Credit-Anstalt gerettet werden. Die Credit-Anstalt war aber selbst schon angeschlagen und hätte dem Geschäft nicht so schnell zustimmen dürfen, konnte aber nicht ablehnen, ohne dabei ernsten Verdacht auf sich zu ziehen, selbst in finanziellen Schwierigkeiten zu sein. Als im Mai 1931 die Credit-Anstalt nicht zuletzt auf Grund dieser Fusion beachtliche Verluste eingestehen musste, kamen ihr Staat und Nationalbank zur Rettung. Aber die neuerliche Bankenkrise wurde schnell zur Währungskrise, welche nur mit ausländischer Hilfe überwunden werden konnte. Spätestens mit dem Zusammenbruch der Credit-Anstalt, der größten Bank des Landes, begann somit in Öster-

1 Flora Macher: The Austrian banking crisis of 1931. A reassessment, in: Financial History Review, 25 (2018) 3, S. 297–321.

reich auch die Wirtschaftskrise, welche 1934 in einen kurzen Bürgerkrieg und den Austrofaschismus mündete.

Die beiden Bankenkrisen sind für uns von besonderem Interesse, denn in beiden Fällen haben österreichische Historiker in ihrem Eifer, die Erste Republik als Opfer der Nachkriegsordnung darzustellen, den Verlauf der Zusammenbrüche falsch wiedergegeben. Für einige österreichische Historiker war es am einfachsten, die Bankenkrise auf die Völkerbundkontrolle zurückzuführen, weil sie nur die Währung, aber nicht die Wirtschaft saniert hatte.[2] Andere suchten die Ursache bei ausländischen Banken. So schrieb Heinrich Schröder, der Zusammenbruch der Bodencreditanstalt sei Folge der Kündigung eines großen Dollarkredites gewesen.[3] Und auch Wilhelm Wagner argumentierte im *Bildatlas der österreichischen Zeitgeschichte*, die Bodencreditanstalt sei in Schwierigkeiten geraten, weil „[a]usländische Kreditoren [...] wegen andauernden Putschgerüchten" ihre Kredite storniert hätten.[4] Das Geschichtsbuch *Gestern – heute – morgen* von 2005 begründet den Fall der Bodencreditanstalt mit der „Katastrophe der Weltwirtschaftskrise" und auch das Lehrbuch *Zeitfenster* von 2013 erklärte „den Zusammenbruch der Boden-Credit-Anstalt im Zuge der Weltwirtschaftskrise von 1929."[5] Der Sturz der New Yorker Börse am Donnerstag

---

2 Bruno Zimmel und Bundesministerium für Handel und Wiederaufbau: 100 Jahre im Dienste der Wirtschaft, Bd. 1., Wien: Bundesministerium für Handel und Wiederaufbau 1961, S. 220; Hugo Portisch: Österreich I. Die unterschätzte Republik. Ein Buch zur gleichnamigen Fernsehdokumentation von Hugo Portisch und Sepp Riff, Wien: Kremayr & Scheriau 1989, S. 214–224.

3 Heinrich Schröder: Die österreichische Währung von 1918 bis 1968, in: Institut für Österreichkunde (Hg.): 1918–1968. Österreich – 50 Jahre Republik, Wien: Verlag Ferdinand Hirt 1968, S. 267.

4 Wilhelm J. Wagner: Bildatlas der österreichischen Zeitgeschichte 1918–1938, Wien: Böhlau 2007, S. 154–155.

5 Oskar Achs, Eva Tesar und Manfred Scheuch: Gestern – heute – morgen. Aus Geschichte lernen. Nach dem Lehrplan 2004. Das 20. Jahrhundert, Wien: Österreichischer Bundesverlag 2005, S. 44; Johannes Brzobohaty u. a.: Zeitfenster. Geschichte und Sozialkunde/Politische Bildung für die 7. Klasse AHS. (2. Aufl.), Wien: Ed. Hölzel 2013, S. 67.

den 23. Oktober erfolgte jedoch drei Wochen nach dem Fall der Bodencreditanstalt. Es waren vielmehr die eigene Misswirtschaft und der hauseigene Vertrauensverlust, ausgelöst durch Bürgerkriegsängste, welche dem Fall der Bodencreditanstalt und ihrer Fusion mit der Credit-Anstalt zu Grunde lagen.

Der Untergang der Creditanstalt 1931 wiederum wird von vielen Historikern als eine internationale Finanzkrise verstanden, welche von Wien auf Österreichs Nachbarländer überschwappte und so die europäische Weltwirtschaftskrise auslöste. Für das österreichische *Lehrbuch der Geschichte* von 1956 folgte auf „die Zahlungseinstellung der Österreichischen Credit-Anstalt" der „Zusammenbruch des deutschen Bankwesens".[6] In seiner einflussreichen Analyse von 1991 vertritt der Ökonom Aurel Schubert die Meinung, die Credit-Anstalt-Krise habe eine Kettenreaktion ausgelöst, welche zu Bankpaniken in Nachbarländern und dem Ende des Goldstandards führte.[7] Und auch der österreichische Historiker Herbert Matis schreibt, die Krise der Credit-Anstalt habe „eine Reihe weiterer Bankenzusammenbrüche aus[gelöst]: Die Vertrauenskrise erfasst zunächst Deutschland, dann Großbritannien und in der Folge auch die anderen internationalen Finanzmärkte."[8] Diese Ver-

6 Franz Heilsberg und Friedrich Korger: Lehrbuch der Geschichte für die Oberstufe der Mittelschulen. Allgemeine Geschichte der Neuzeit von der Mitte des 19. Jahrhunderts bis zur Gegenwart, Wien: Verlag Ed. Hölzel, Österreichischer Bundesverlag 1952, S. 138.

7 Aurel Schubert: The Credit-Anstalt Crisis of 1931, Cambridge: Cambridge University Press 1991, S. 4. Auf S. 188 gibt Schubert zuletzt doch zu, dass die englischen und deutschen Probleme auch ohne die Credit-Anstalt-Krise zu Tage getreten wären.

8 Herbert Matis: Die Creditanstalt. Erinnerung an eine österreichische Bank, Nachwort des Herausgebers, in: Fritz Weber: Vor dem großen Krach. Österreichs Banken in der Zwischenkriegszeit am Beispiel der Credit-Anstalt für Handel und Gewerbe, Wien: Böhlau 2016, S. 572–592, hier S. 584. Auch Clemens Jobst und Hans Kernbauer erkennen in der Credit-Anstalt Krise zwar nicht „Ursache", aber doch den „Auslöser" der „internationalen Bankenkrise des Jahre 1931." Clemens Jobst und Hans Kernbauer: Die Bank. Das Geld. Der Staat. Nationalbank und Währungspolitik in Österreich 1815–2015, Wien: Campus Verlag 2016, S. 177.

sion, wonach die Credit-Anstalt Krise einen Schneeballeffekt verursachte der die Weltwirtschaftskrise nach Europa brachte, ist für Finanzhistoriker besonders attraktiv, da sie ein einfaches Erklärungsmodell für eine komplexe und folgenschwere Episode liefert.[9] Sie macht den Zusammenbruch der Credit-Anstalt zu einem Fall, dem ähnliche andere folgten – und somit nicht zu einem österreichischen Problem, sondern zum ersten Opfer des Kollapses des internationalen Geldsystems der Zwischenkriegszeit.

In Wahrheit aber gelang es der Österreichischen Nationalbank mit ausländischer Hilfe, die Krise erfolgreich zu meistern. Erst spätere und weit größere Probleme in Deutschland und danach in Großbritannien erschütterten das Vertrauen in die globalen Finanzmärkte und weiteten Amerikas Great Depression in eine globale Wirtschaftskrise aus.[10] Der Zusammenbruch der Bodencreditanstalt war keine direkte Folge ausländischer Einflüsse, sondern hatte hausgemachte Ursachen. Und die Krise der Credit-Anstalt markiert nicht den Höhepunkt eines wirtschaftlichen Opferdaseins Österreichs nach dem ersten Weltkrieg, sondern ist vielmehr ein weiteres Beispiel dafür, wie österreichische Regierung und Nationalbank, mit fremder Hilfe, eine schwere finanzielle Herausforderung erfolgreich bewältigten.

9 Nathan Marcus: Why Financial Crises Give Birth to Legends, in: Books and Ideas, 31. August 2012, online: https://booksandideas.net/Why-Financial-Crises-Give-Birth-to (1. Juni 2025); Barry Eichengreen: Die großen Crashs 1929 und 2008. Warum sich Geschichte wiederholt, München: FinanzBuch Verlag 2015, S. 166–184; Harold James: Schockmomente. Eine Weltgeschichte von Inflation und Globalisierung 1850 bis heute, Freiburg, Basel, Wien: Herder 2022, S. 203–206 und S. 362.

10 Für eine Analyse historischer Finanzdaten, die diese These stützt, siehe Nathan Marcus: Austrian Reconstruction and the Collapse of Global Finance, 1921–1931, Cambridge, Mass.: Harvard University Press 2018, S. 322–331.

Wirtschaftliche Entwicklung

Die Intervention des Völkerbunds hatte sich nur die Stabilisierungen der Währung und des Staatshaushaltes zur Aufgabe gemacht. Das Wirtschaftswachstum in Österreich, erschwert durch Kapitalmangel und hinderliche Schutzzölle in den Nachbarstaaten, war kein Gegenstand der Genfer Gespräche gewesen. Auf die Abreise des Generalkommissars aus Wien waren jedoch, nicht zuletzt dank fester Währung und konsolidiertem Budget, die besten Wirtschaftsjahre der Zwischenkriegszeit gefolgt. Nachdem der Schilling 1924 eingeführt worden war, lag 1925 das österreichische Produktionsvolumen noch bei 83 Prozent des letzten Friedensjahres. Aber dank eines durchschnittlichen Jahreswachstums von 7 Prozent erreichte die inländische Industrieproduktion 1929 bereits 98 Prozent des Wertes von 1913.[11] 1925 bis 1929 waren also Jahre guter Konjunktur und so fiel über diesen Zeitraum auch die Zahl der jährlichen Konkurse in Österreich von 681 auf 581 und die der gerichtlichen Ausgleiche sogar von 2.859 auf 1.986.[12] Gleichzeitig stieg das Bruttonationalprodukt um 14 Prozent und der Privatkonsum um 11,6 Prozent an.[13] Der Aufschwung half auch einfachen Sparern, deren Einlagen bei den Wiener Sparkassen von 1927 bis 1929 von 403 auf 610 Millionen Schilling anwuchsen.[14] Aber auch die steigende Anzahl Personenkraftwagen auf Wiener Straßen, 7.108 im Jahre 1927, 9.371 im Jahre 1929, spiegelte den zunehmenden Wohlstand wider.[15]

---

11 Anton Kausel, Franz Nemschak und Hans Seidl: Österreichs Volkseinkommen 1913 bis 1963, Monatsberichte des österreichischen Institutes für Wirtschaftsforschung, 14. Sonderheft, Wien: 1965, S. 5.

12 Monatsberichte des österreichischen Institutes für Konjunkturforschung, 9 (1935) 2, S. 26.

13 Anton Kausel, Franz Nemschak und Hans Seidl: Österreichs Volkseinkommen 1913 bis 1963, Monatsberichte des österreichischen Institutes für Wirtschaftsforschung, 14. Sonderheft, Wien: 1965, S. 19.

14 Magistratsabteilung für Statistik: Statistisches Jahrbuch der Stadt Wien 1929, Wien: 1930, S. 185.

15 Magistratsabteilung für Statistik: Statistisches Jahrbuch der Stadt Wien 1929, Wien: 1930, S. 153.

Diese wirtschaftlichen Erfolge waren größtenteils auf teure Modernisierungen des Produktionsapparats zurückzuführen, wie zum Beispiel der Einführung der Fließbandarbeit, wodurch die Produktivität der Arbeiter erhöht und die Exporte verbilligt wurden.[16] So nahm zwischen 1922 und 1929 die Produktivität im Bergbau um 80 Prozent und die bei der Eisen- und Stahlerzeugung sogar um 115 Prozent zu.[17] Die betrieblichen Erneuerungen hatten oft auch Entlassungen zur Folge, aber die Gesamtzahl der Arbeitslosen fiel trotzdem von 1925 bis 1929 von 220.000 auf 192.000, wobei allerdings die Zahl der unterstützten Arbeitslosen doch gering zunahm.[18] Und obwohl einige wichtige Industriezweige, wie die Ziegel- oder die Maschinenindustrie, große Schwierigkeiten hatten, sich auf den Export umzustellen, stiegen die Warenexporte von 1925 bis 1929 von 1,9 auf 2,2 Milliarden Schilling, und auch die Warenimporte nahmen von 2,9 auf 3,3 Milliarden Schilling zu.[19] Über denselben Zeitraum erhöhten sich dementsprechend die öffentlichen Einnahmen aus direkten Steuern, aber auch aus Zöllen und der Warenumsatzsteuer von 1.070 auf 1.379 Millionen Schilling, und demgemäß stiegen auch die staatlichen Ausgaben.[20] Letztlich gelang es auch in der Landwirtschaft, die Produktivität zu steigern, die Vorkriegsleistungen um 10 Prozent zu übertreffen und

16 Roman Sandgruber: Ökonomie und Politik, österreichische Wirtschaftsgeschichte vom Mittelalter bis zur Gegenwart, Wien: Überreuter 1995, S. 384.

17 Dieter Stiefel, Arbeitslosigkeit. Soziale, politische und wirtschaftliche Auswirkungen am Beispiel Österreichs 1918–1931, Wien: Duncker & Humblot 1979, S. 19.

18 Fritz Weber: Die Weltwirtschaft und das Ende der Demokratie in Österreich, in: Erich Frösch (Hg.): Der 4. März 1933. Vom Verfassungsbruch zur Diktatur, Wien: Verlag der Wiener Volksbuchhandlung 1984, S. 38.

19 Jürgen Nautz: Between Political Disintegration and Economic Reintegration. Austrian Trade Relations with the Successor States after World War I, in: David F. Good (Hg.): Economic Transformations in East and Central Europe. Legacies from the Past and Policies for the Future, London, New York: Routledge 2004, S. 261–76, hier S. 263.

20 Monatsberichte des Wiener Institutes für Wirtschafts- und Konjunkturforschung, 13 (1939) 2/3, S. 85.

erstmals einen Großteil des Inlandbedarfs an Lebensmitteln selbst abzudecken.[21]

Dass im Herbst 1929 die Bodencreditanstalt trotz wirtschaftlichen Aufschwungs vor dem Zusammenbruch stand, bedarf also einer Erklärung. Abgesehen von der riskanten Geschäftspolitik der Bodencreditanstalt, aber auch der Nationalbank, welche ihr außerordentliche Kredite gewährt hatte, war die Zunahme der politischen Gewalt im eigenen Land ein bedeutender Umstand für den Zusammenbruch der Bank. Seit 1923 hatte die Präsenz des Generalkommissars den politischen Frieden in Österreich gesichert, da sowohl die Regierung als auch die sozialistische Opposition ihn für die unbeliebten Einsparungen und den Sozialabbau hatten anschwärzen können. Dieses Sicherheitsventil ging 1926 mit Ende der Völkerbundaktion verloren. Gleichzeitig nahm die Rivalität zwischen den politischen Lagern zu, wurde gewalttätiger und verlegte sich vermehrt auf die offene Straße. Der *Bildatlas der österreichischen Zeitgeschichte*, welcher die zunehmende politische Gewalt fälschlich auf die Völkerbundanleihe als den „Beginn der verhängnisvollen Polarisierung" zurückführt, kommt der Wahrheit schon etwas näher, wenn er behauptet, ausländische Kreditoren hätten der Bank wegen andauernder Putschgerüchte ihre Kredite gekündigt.[22] Aber es waren nicht ausländische Banken, sondern die Abzüge der einheimischen Klientel, welche die Bodencreditanstalt im Oktober 1929 in Bedrängnis brachten, so dass sie von der Credit-Anstalt übernommen werden musste.

21 Roman Sandgruber: Ökonomie und Politik, österreichische Wirtschaftsgeschichte vom Mittelalter bis zur Gegenwart, Wien: Überreuter 1995, S. 382.

22 Wilhelm J. Wagner: Bildatlas der österreichischen Zeitgeschichte 1918–1938, Wien: Böhlau 2007, S. 154–155.

Zunehmende Gewalt und politische Krise

Es dauerte nicht lange nach Abreise des Generalkommissars Zimmerman, bis die politische Stabilität in Österreich ins Wanken geriet. Bereits am 30. Juni 1926, dem Tag, an dem die Völkerbundkontrolle offiziell zu Ende ging, berichtete die Zeitung *Der Abend* von finanziellen Schwierigkeiten bei der Centralbank der deutschen Sparkassen. Schnell stellte sich heraus, dass wichtige Regierungsminister in den brisanten Skandal verwickelt waren. Den Christlich-Sozialen nahe, hatte die Centralbank marode Provinzbanken der Partei in Niederösterreich und der Steiermark unterstützt, dabei aber so viel verloren, dass sie nun selbst mit Hilfe der Nationalbank gerettet werden musste.[23] DieAffäre setzte Bundeskanzler Rudolf Ramek heftigen Angriffen von Seiten der Sozialisten aus, und als im Herbst die Staatsarbeiter höhere Löhne forderten und erneut mit Streiks drohten, nutzte er die Gelegenheit um zu demissionieren. Ex-Bundeskanzler Ignaz Seipel übernahm am 20. Oktober 1926 ein zweites Mal die Geschäfte der Regierung und schrieb für April 1927 Neuwahlen aus. Die Wahlergebnisse brachten keine großen Veränderungen, denn obwohl die Sozialisten 42,3 Prozent der Stimmen gewannen, lagen sie noch immer hinter Seipels „Bürgerblock," welcher trotz Bankenskandal 48,2 Prozent erhalten hatte (6,3 Prozent der Stimmen gingen an den Landbund). Trotzdem schien es, als ob die Sozialisten, welche bei den letzten Wahlen bloß auf 39,6 Prozent der Stimmen gekommen waren, ihrem Ziel einer absoluten Mehrheit kontinuierlich näher rückten.[24]

Für Seipel und die Vertreter bürgerlicher Interessen waren die Sozialisten eine Gefahr, die es zu bannen galt, und viele sahen in ihnen Vorkämpfer für den Bolschewismus. Am 15. Juli 1927 kam

23 Hans Kernbauer: Währungspolitik in der Zwischenkriegszeit. Geschichte der österreichischen Nationalbank von 1923 bis 1938, Wien: Österreichische Nationalbank 1991, S. 259–260.

24 Bundesamt für Statistik: Statistische Nachrichten. Sonderheft. Wahlstatistik. Nationalratswahlen vom 24. April 1927. Einzeldarstellung nach Gemeinden und Geschlecht, Wien: Ueberreuter 1927.

es dann bei gewaltsamen Ausschreitungen zwischen Anhängern der sozialistischen Partei und Wiener Sicherheitskräften zu Todesopfern. Am Tag zuvor sprach ein Geschworenengericht drei junge Männer von der Anklage der öffentlichen Gewalttätigkeit frei, nachdem sie zu Beginn des Jahres in Schattendorf zwei Sozialisten bei Ausschreitungen erschossen hatten. Die Wiener Arbeiter, überzeugt, dass von den Opfern keine Gefahr ausgegangen war, und erzürnt über den Richtspruch, entschlossen sich zu einem Streik. Die Arbeiter der Elektrizitätswerke schalteten der Stadt und den Fabriken den Strom ab und legten den öffentlichen Verkehr lahm. Auch die Angestellten der Telegraphen- und Telefonämter traten dem Streik bei und unterbrachen so die Kommunikation. Bis zum Mittag fand sich eine aufgeregte Masse an Arbeitern auf der Ringstraße zusammen, um gegen das Urteil zu demonstrieren. Vor dem Parlamentsgebäude kam es zwischen den Demonstranten und der kleinen Zahl anwesender Polizisten zu ersten Ausschreitungen, und auch der heranreitenden Verstärkung gelang es trotz Einsatz ihrer Säbel nicht, für Ordnung zu sorgen. Die Demonstration verschob sich auf den Schmerlingplatz, vor den nahe gelegenen Justizpalast, wo Polizisten wiederholt von der Schusswaffe Gebrauch machten. Demonstranten brachen in das Gebäude ein und setzten es in Brand. Vor dem lodernden Bau versuchten sozialistische Parteifunktionäre über Stunden vergeblich, die Demonstranten dazu zu bewegen, den ankommenden Löschwagen Zufahrt zu den Hydranten zu gewähren. Um die Menge zu verstreuen, feuerte die Polizei am Ende wahllos in die Menge. Zwar löste sich diese sofort auf, aber noch bis zum Abend wurde Jagd auf vermeintliche Brandstifter gemacht. Im Ganzen starben 85 Demonstranten und vier Polizisten. 328 Zivilisten und 163 Polizisten mussten stationär im Spital behandelt werden.[25]

25 Bundespolizeidirektion / Amtsbibliothek, Wien: Ausschreitungen in Wien am 15. und 16. Juli 1927, datiert 2. August 1927, Juliereignisse 1927, Karton 2; Verein für Geschichte der Arbeiterbewegung, Wien: Protokoll über die Sitzung des Parteivorstandes, abgehalten Montag Morgen [sic], 18. Juli 1927, Parteiarchiv der Sozialdemokratischen Partei Österreichs vor 1934, Mappe 4.

Als Folge der blutigen Ausschreitungen verschärften sich die Fronten zwischen Sozialisten und Bürgerlichen, die nun beide damit begannen, ihre paramilitärischen Verbände aufzurüsten. Auf der einen Seite stand die autoritäre Heimwehr. Unterstützt durch das faschistische Italien, vereinte sie Österreichs antibolschewistischen Gruppierungen, sowohl großdeutsche Turner und Burschenschaftler als auch antikapitalistische Bauern und Industrielle. Auf der anderen Seite stand der Republikanische Schutzbund der Sozialisten als Verteidiger der Arbeiterschaft und der parlamentarischen Demokratie. Letztere hatte in den Augen der Heimwehr ausgedient und sollte einer neuen Verfassung platzmachen, und im Vorfeld eines geplanten Aufmarsches der Steirischen Heimwehr in Wiener Neustadt am 7. Oktober 1928 riefen die Sozialisten also zu einem Gegenmarsch auf. Bundeskanzler Seipel weigerte sich trotz weit verbreiteter Angst, es könne zum Bürgerkrieg kommen, die Machtdemonstration zu verbieten, aber von Gendarmerie und Militär bewacht, marschierten die Truppen der beiden Verbände am Sonntag zu unterschiedlichen Tageszeiten durch die Stadt. Seipel, welcher bewiesen hatte, dass er die beiden Fraktionen davon abhalten konnte, aufeinander loszugehen, trat jedoch im April 1929 überraschend zurück. Sein Nachfolger, der Industrielle Ernst Streeruwitz, war ein Heimwehrsympathisant, der alle uniformierten Aufmärsche für sechs Monate verbot. Die Heimwehr aber, welche inzwischen offen zum politischen Umsturz aufrief, und auch der Schutzbund ignorierten diese Verordnung. Am 24. Februar 1929 blieb es bei getrennten Aufmärschen von Heimwehr und Schutzbund in verschiedenen Wiener Bezirken ruhig, aber die Heimwehr kündigte für Ende September einen Marsch um Wien an. Nachdem am 18. August bei einer Demonstration in St. Lorenzen ein regelrechtes Feuergefecht zwischen Heimwehr und Schutzbund ausgebrochen war, welches drei Tote und zweihundert Verletzte gefordert hatte, erhöhte sich die Angst vor einem bevorstehenden Bürgerkrieg.[26]

26 Nathan Marcus: Austrian Reconstruction and the Collapse of Global Finance,

Von 1926 bis 1929 hatte Österreich seine wirtschaftlich besten Jahre der Zwischenkriegszeit, doch das Klima der zunehmenden politischen Gewalt beunruhigte Sparer und Investoren. Bei der Österreichischen Nationalbank hatte man bereits während des Justizpalastbrands 1927 aufmerksam beobachtet, dass Österreicher ihrer Währung in Krisenzeiten weit weniger Vertrauen schenkten als in Ruheperioden.[27] Vor allem nach dem Rücktritt Seipels im April und nach den blutigen Ausschreitungen im August 1929 war die Nachfrage in Wien nach US-Dollar besonders angestiegen. Auch im Vorfeld des Heimwehrmarsches auf Wien hoben besorgte Bürger ihre Einlagen bei den Banken ab, was diesmal besonders die Bodencreditanstalt in Schwierigkeiten brachte. Die Nationalbank, welche ihr bereits im September eine Kreditsperre angedroht und seit August selbst empfindliche Reserven verloren hatte, weigerte sich Anfang Oktober, ihren bereits übermäßigen Kredit an die Bodencreditanstalt weiter zu erhöhen.[28] Am 5. Oktober sprachen die Bankdirektoren der Bodencreditanstalt daraufhin bei Schober vor, und die österreichische Regierung gab der Öffentlichkeit zwei Tage später die Fusion mit der Credit-Anstalt bekannt.[29] Christlich-soziale Heimwehrsympathisanten hatten Streeruwitz bereits am 26. September zum Rücktritt gezwungen und ihre Hoffnungen auf eine Verfassungsänderung auf seinen Nachfolger gesetzt. Johann Schober, zum zweiten Mal Bundeskanzler, war zwar aktiver Unterstützer der Heimwehr, aber als am 29. September die Heimwehrtruppen in Mödling und in Stockerau aufmarschierten, kam es zu

1921–1931, Cambridge, Mass.: Harvard University Press 2018, S. 290–297; Karl Ausch: Als die Banken fielen, Wien, Frankfurt: Europa Verlag 1968, S. 277–279.

27 Archiv der Bank von England, London: Further Points Which Arose in Conversation with Dr. Brauneis, 12. Oktober 1927, Oesterreichische Nationalbank, OV/28/33.

28 Peter Eigner und Peter Melichar: Das Ende der Boden-Credit-Anstalt 1929 und die Rolle Rudolf Sieghart's, in: Österreichische Zeitschrift für Geschichtswissenschaften, 19 (2008) 3, S. 56–114.

29 Fritz Weber: Vor dem großen Krach. Österreichs Bank in der Zwischenkriegszeit am Beispiel der Credit-Anstalt für Handel und Gewerbe, Wien: Böhlau 2016, S. 361–379.

keinen Auseinandersetzungen. Und die neue Verfassung, welche Schober nach langen Verhandlungen mit den Sozialisten im Dezember 1929 vorstellte, blieb den demokratischen Grundprinzipen verhaftet.

Sieghart riskante Geschäftspolitik, von der Nationalbank geduldet, hatte die Bodencreditanstalt in eine prekäre Lage gebracht. Die unmittelbare Ursache des Zusammenbruchs der Bank waren aber die massiven Abhebungen ihrer Kunden im September 1929. Die zunehmend tödlich endenden Auseinandersetzungen zwischen Heimwehr und Schutzbund hatten die Furcht vor dem Ausbruch eines bewaffneten Konflikts auf den Straßen Wiens geschürt, und wenn es auch nicht zum Bürgerkrieg gekommen war, hatte allein die Angst davor eine Panik bei den Anlegern ausgelöst. Es war also die eskalierende politische Gewalt, welche nach Ende der Völkerbundkontrolle stetig zugenommen hatte, die im Herbst 1929 der Bodencreditanstalt unmittelbar zum Verhängnis wurde. Zum großen Krach der New Yorker Börse, welcher in den Vereinigten Staaten die Weltwirtschaftskrise auslöste, kam es erst drei Wochen danach.

Der Zusammenbruch der Credit-Anstalt

Der Zusammenbruch der Credit-Anstalt im Mai 1931 und die darauffolgende Finanzkrise bilden eines der Schlüsselmomente der Ersten Republik. Die Credit-Anstalt war Opfer der hastigen Fusion mit der Bodencreditanstalt, denn für einen gezielten Abzug ausländischer, insbesondere französischer Kredite nach Bekanntwerden der österreichisch-deutschen Zollunionspläne im März gibt es keine Anhaltspunkte.[30] Nachdem die Bank am 12. Mai der Öffent-

30 Fritz Weber: Vor dem großen Krach. Österreichs Banken in der Zwischenkriegszeit am Beispiel der Credit-Anstalt für Handel und Gewerbe, Wien: Böhlau 2016, S. 443; Dieter Stiefel: Finanzdiplomatie und Weltwirtschaftskrise. Die Krise der Credit-Anstalt für Handel und Gewerbe 1931, Frankfurt am Main: F. Knapp 1989, S. 78.

lichkeit einen Verlust von 140 Millionen Schilling eingestanden hatte, begannen aber nicht nur die heimischen Anleger, ihre Ersparnisse abzuheben, sondern auch ausländischen Banken kündigten ihre Kredite an das Wiener Institut. Das Vertrauen der Österreicher in ihre Währung verschwand und die Nationalbank verlor Währungsreserven. Die herkömmliche Geschichtsschreibung hat auch bei dieser Bankenkrise versucht, Österreich als Opfer ausländischer Intrigen darzustellen. Französische Interessen und die unzulängliche internationale Unterstützung hätten dafür gesorgt, dass Österreich der Krise nicht Herr werden konnte.[31] Der Zusammenbruch der Credit-Anstalt sei daraufhin eskaliert und habe in Nachbarländern zu ähnlichen Krisen geführt, allen voran in Deutschland, wo im Juli die Darmstädter und Nationalbank (kurz DANAT) ins Wanken kam, bis letztendlich die Finanzkrise im August London selbst erreichte. Als die Bank von England sich daraufhin im September dazu durchrang, die Goldkonvertibilität des Britischen Pfunds aufzuheben, läutete sie damit die Weltwirtschaftskrise in Europe ein. Das kleine Österreich, Spielball der Weltmächte, hatte diesem Narrativ zufolge die größte Wirtschaftskatastrophe des 20. Jahrhunderts ausgelöst. So habe sich die unbarmherzige Umgangsweise der Alliierten mit Österreich am Ende des Ersten Weltkriegs an den Siegermächten gerächt, denn der Zusammenbruch der Credit-Anstalt und die darauffolgende Weltwirtschaftskrise stärkten den deutschen Nationalsozialismus und mündeten in den Zweiten Weltkrieg. So schrieb zum Beispiel der österreichische Historiker Walter Goldinger:

> In der Tat riss der Zusammenbruch dieser letzten altösterreichischen Großbank, die noch auf dem Boden des neuen Staates bestand, nicht

---

31 Hugo Portisch: Österreich I. Die unterschätzte Republik. Ein Buch zur gleichnamigen Fernsehdokumentation von Hugo Portisch und Sepp Riff, Wien: Kremayr & Scheriau 1989, S. 397–398; Wilhelm J. Wagner: Bildatlas der österreichischen Zeitgeschichte 1918–1938, Wien: Böhlau 2007, S. 161; Dieter Stiefel: Finanzdiplomatie und Weltwirtschaftskrise. Die Krise der Credit-Anstalt für Handel und Gewerbe 1931, Frankfurt am Main: F. Knapp 1989, S. 75–79.

> nur die österreichische Wirtschaft in den Abgrund, zerstörte ihre noch immer bestehenden engen Beziehungen zu den Nachfolgestaaten und löste letzten Endes ähnliche Erscheinungen in Deutschland aus. Die Stabilität mehrerer Währungen, nicht bloß des österreichischen Schillings, geriet ins Wanken, über Mitteleuropa, das seit seiner Zerreißung 1918/19 nicht zur Ruhe gekommen war, brach das wirtschaftliche Chaos herein.[32]

Dass dem nicht so war, soll im Rest dieses Kapitels anhand streng vertraulicher Berichte des ausländischen Beraters der Österreichischen Nationalbank, des holländischen Ökonomen und Bankiers G. W. J. Bruins, dargestellt werden.[33] Bruins war am 1. Juli 1931 als neuer Berater an die Österreichische Nationalbank nach Wien berufen worden, von wo er einen direkten Einblick in die Finanzkrise erhielt. Seine inoffiziellen Berichte an die Bank für Internationalen Zahlungsausgleich (BIZ) zeigen, wie schnell österreichische Regierung und Nationalbank mit Hilfe der erst kurz zuvor gegründeten BIZ die Situation erfolgreich in den Griff bekommen konnten.

Bruins' Berichten zufolge waren am Vorabend der Credit-Anstalt-Krise die Gold- und Währungsreserven der Nationalbank mit beinahe 1.000 Millionen Schilling überaus ausreichend, denn sie deckten den Notenumlauf zu beinahe 90 Prozent und übertrafen die Summe der kurzfristigen Kredite, welche Österreichs Geschäftsbanken im Ausland aufgenommen hatten. In ihrer Krisensitzung am Sonntag, den 10. Mai 1931, beschloss die österreichische Regierung daher die Credit-Anstalt, und mit ihr eine große Anzahl der wichtigsten Wirtschaftskonzerne des Landes, zu retten. Der Staat versprach 100 Millionen Schilling, um die Verluste der Bank

32 Walter Goldinger: Der geschichtliche Ablauf der Ereignisse in Österreich von 1918 bis 1945, in: H. Benedikt (Hg.): Geschichte der Republik Österreich, Wien: Verlag für Geschichte und Politik 1954, S. 15 [181–258, hier S. 181].

33 Kopien der Berichte befinden sich im Archiv der Französischen Nationalbank, Paris: Réparations et Banque des règlements internationaux (BRI) – 5.2 Restauration des finances publiques des pays d'Europe centrale, 1930–1933, 1489200303 AR 162.

zu decken, zuzüglich 30 Millionen je von der Nationalbank und dem Hause der Wiener Rothschilds. Aber das Vertrauen in die Credit-Anstalt war erschüttert, so dass inländische und ausländische Anleger begannen, ihre Gelder abzuziehen. Die Nationalbank stellte der Bank liquide Mittel zur Verfügung, damit sie ihre Schalter offen halte, und so erhöhte sich bis zum Ende der Woche die Schuld der Credit-Anstalt bei der Nationalbank um 300 Millionen Schilling. Dies wiederum rief bei den Anlegern anderer Banken Sorgen um die Stabilität der Währung hervor, so dass auch diese begannen, ihre Einlagen abzuziehen und in Fremdwährungen umzutauschen. Im Ausland formierte sich derweil ein Syndikat der Kreditoren, welches versprach, gegen eine Regierungsgarantie ihre Darlehen an die Credit-Anstalt zu verlängern, wenn auch vereinzelte Auslandsbanken ihre Kredite stornierten. Da ein Großteil der inländischen Abhebungen in ausländische Währungen eingetauscht wurde, begann die Nationalbank trotzdem, bedeutendere Mengen an Auslandsreserven zu verlieren. Am 17. Mai suchte sie daher die BIZ um einen Hilfskredit an, um die Goldkonvertibilität in Österreich zu garantieren.[34]

Die BIZ mit Sitz in Basel war erst 1930 gegründet worden, und zwar in erster Linie, um die Zahlung der deutschen Reparationen abzuwickeln. Ihr gehörten über zwanzig wichtige Zentralbanken an, und als ein weiteres Mandat hatte sie deren Zusammenarbeit zur Stärkung der Währungsstabilität zu koordinieren. Nachdem eine Delegation Wien besucht hatte, gewährte die BIZ der Österreichischen Nationalbank einen Kredit in Höhe von 100 Millionen Schilling, welcher ab dem 23. Mai kontinuierlich überwiesen werden würde. Die Regierung wiederum wollte ihren Anteil an der Sanierung der Credit-Anstalt durch den Verkauf von Schatzscheinen aufbringen, wofür sie am 18. Mai die Genehmigung des Völkerbundes er-

34 Archiv der Französischen Nationalbank, Paris: 1. Bruinsbericht vom 9. Juli 1931, S. 1–4, Réparations et Banque des règlements internationaux (BRI) – 5.2 Restauration des finances publiques des pays d'Europe centrale, 1930–1933, 1489200303 AR 162.

halten hatte. Um der Kapitalflucht Herr zu werden, verabschiedete der Nationalrat am 28. Mai 1931 das Credit-Anstalt-Gesetz, welches die Regierung ermächtigte, Auslandskreditoren eine Staatsgarantie für Kredite und Einlagen bei der Credit-Anstalt auszusprechen. Die Garantie selbst aber folgte fürs Erste nicht. Hingegen bestärkte das Gesetz den Verdacht, die Verluste der Credit-Anstalt seien höher als zugegeben und somit nun Staatshaushalt und Währung akuter Gefahr ausgesetzt. Die Abhebungen der Einleger nahmen daher zu, und um der Panik entgegenzutreten, befriedigte die Nationalbank, die ja noch immer eine beträchtliche Reserve and Gold und Fremdwährungen besaß, die Nachfrage für Devisen. Am 22. Mai, dem Höhepunkt der Kapitalflucht, verkaufte sie Fremdwährungen im Wert von 42 Millionen Schilling. Von Anfang April bis Anfang Juni verteidigte sie so die Goldkonvertibilität des Schillings, verlor dadurch aber über ein Viertel ihrer Währungsreserven (Tabelle 3.1).[35]

Tabelle 3.1: Devisenverluste der Österreichischen Nationalbank in Schilling

12.–31. Mai 1931	275.400.000
Juni 1931	317.200.000
Juli 1931	118.000.000
August 1931	58.000.000

Quelle: Archiv der Französischen Nationalbank, Paris: 3. Bruinsbericht, 28. August 1931, S. 3, Réparations et Banque des règlements internationaux (BRI) – 5.2 Restauration des finances publiques des pays d'Europe centrale, 1930–1933, 1489200303 AR 162.

Ende Mai konnte die Nationalbank den Stand der Währungsdeckung nurmehr mit 57 Prozent angeben. Um die Kapitalflucht zu bekämpfen, erhöhte sie daher ihren Diskontsatz am 7. Juni auf

35 Archiv der Französischen Nationalbank, Paris: 1. Bruinsbericht vom 9. Juli 1931, Réparations et Banque des règlements internationaux (BRI) – 5.2 Restauration des finances publiques des pays d'Europe centrale, 1930–1933, 1489200303 AR 162.

6 Prozent und am 15. Juni auf 7 Prozent. Aber dies tat der Panik keinen Abbruch. Die Nationalbank verlor so bis zum 15. Juni nahezu ein weiteres Drittel ihrer Währungsreserven und begann abzuwägen, das Finanzministerium um die Anordnung eines allgemeinen Moratoriums zu ersuchen, also Goldzahlungen an das Ausland zu verbieten. Die Regierung sprach hingegen am 16. Juni eine zweijährige Staatsgarantie für die Einlagen aller ausländischen Gläubigerbanken aus, welche es dem Auslandssyndikat erlaubte, seine Gelder bei der Credit-Anstalt zu belassen. Um ein Moratorium zu verhindern und die Goldkonvertibilität in Österreich zu garantieren, vergab die Bank von England zuvor der österreichischen Regierung einen Vorschuss von 150 Millionen Schilling, womit sie gleichzeitig Vertrauen in den Erfolg der geplanten Emission neuer österreichischer Schatzscheine ausdrückte.[36]

Die österreichische Regierung hatte als Folge ihrer Garantie an die Auslandsbanken vom 16. Juni die Mehrheit im Parlament verloren. Ein neues Kabinett des christlich-sozialen Bundeskanzlers Karl Buresch trat am 21. Juni sein Amt an und garantierte am 26. Juni auch die Einlagen der Österreicher bei der Credit-Anstalt. Spätestens zu diesem Zeitpunkt war die Krise vorbei. Ersparnisse flossen an die Banken zurück, die Abhebung von Devisen verlangsamte sich und die Nationalbank verzeichnete wieder den Eintausch ausländischer Bankkonten.[37] Im Juli sanken die Devisenverluste der Nationalbank auf unbeträchtliche Beträge von 2 oder 3 Millionen Schilling pro Tag. Seit Beginn der Krise hatte die Nationalbank zwar rund 600 Millionen Schilling, oder $86 Millionen, an Reserven verloren, aber die Flucht aus dem Schilling war gestoppt.

36 Archiv der Französischen Nationalbank, Paris: 1. Bruinsbericht vom 9. Juli 1931, S. 9–11, Réparations et Banque des règlements internationaux (BRI) – 5.2 Restauration des finances publiques des pays d'Europe centrale, 1930–1933, 1489200303 AR 162.

37 Archiv der Französischen Nationalbank, Paris: 2. Bruinsbericht vom 30. Juli 1931, S. 1–2, Réparations et Banque des règlements internationaux (BRI) – 5.2 Restauration des finances publiques des pays d'Europe centrale, 1930–1933, 1489200303 AR 162.

Am 7. Juli konnte sich die Nationalbank, trotz Krise und dank ausländischer Hilfe aus Basel und London, noch immer einer Währungsdeckung von 51 Prozent rühmen.[38]

Dass die Stabilität in Österreich nicht lange anhielt, lag an Geschehnissen in ihren Nachbarländern. Am 14. Juli schloss die DANAT ihre Schalter und tags darauf suspendierte die Deutsche Reichsbank die Goldkonvertibilität der Reichsmark. In Ungarn wurden am 17. Juli Devisenkontrollen eingeführt. Österreicher fürchteten, dass es in ihrem Land am Ende doch noch zu Devisenbeschränkungen kommen würde, und die Kapitalflucht begann erneut, diesmal auch mit erheblicheren Abhebungen bei den Sparkassen. Bruins betonte ausdrücklich, der neuerlich zunehmende Bedarf an Fremdwährungen sei eine Folge der getroffenen Maßnahmen in Deutschland und Ungarn, die mit Österreich nichts zu tun hätten.[39] Die Nationalbank beschloss daher, Zuversicht zu vermitteln und den Diskontsatz vorerst nicht zu erhöhen. Da sich aber die Devisenkäufe fortsetzten und auch ausländische Banken Kredite stornierten, wurde am 23. Juli der Diskontsatz von 7 auf 10 Prozent angehoben. Am 15. Juli hatte die Währungsdeckung noch bei 49,11 Prozent gelegen, aber am 23. Juli war sie bereits auf 46,9 Prozent gesunken. Erst als am 11. August die österreichische Regierung erklärte, im September werde eine Völkerbunddelegation die wirtschaftliche und finanzielle Lage im Land prüfen, stabilisierte sich die Situation wieder.[40]

---

38 Archiv der Französischen Nationalbank, Paris: 2. Bruinsbericht vom 30. Juli 1931, S. 1–2, Réparations et Banque des règlements internationaux (BRI) – 5.2 Restauration des finances publiques des pays d'Europe centrale, 1930–1933, 1489200303 AR 162.

39 Archiv der Französischen Nationalbank, Paris: 2. Bruinsbericht vom 30. Juli 1931, S. 3–7, Réparations et Banque des règlements internationaux (BRI) – 5.2 Restauration des finances publiques des pays d'Europe centrale, 1930–1933, 1489200303 AR 162.

40 Archiv der Französischen Nationalbank, Paris: 3. Bruinsbericht vom 28. August 1931, Réparations et Banque des règlements internationaux (BRI) – 5.2 Restauration des finances publiques des pays d'Europe centrale, 1930–1933, 1489200303 AR 162.

Der Banknotenumlauf zum 23. August war zum ersten Mal seit Beginn der Krise unter 1.000 Millionen Schilling gesunken, und auch die Devisenverluste der Nationalbank gingen wieder kontinuierlich zurück. Und bis Ende des Monats verlor die Nationalbank nur 58 Millionen Schilling, wovon 12 Millionen an die Regierung gingen. In Großbritannien, wo das Pfund Ende Juli unter Druck gekommen war, nachdem ein offizieller Bericht das Ausmaß kurzfristiger Kredite englischer Banken an Deutschland öffentlich gemacht hatte, beschloss im September die Bank von England, die Goldkonvertibilität auszusetzen. Österreich, das über die Krise hinaus den Goldwert des österreichischen Schillings im In- und Ausland erfolgreich verteidigt hatte, folgte ihr am 9. Oktober und führte seine eigenen Währungskontrollen ein.[41]

Die Bewältigung der Finanzkrise in Österreich von Mai bis Juli 1931, welche durch die Verluste der Credit-Anstalt ausgelöst worden waren, sollte als Erfolg gewertet werden. Anders als in Deutschland oder Ungarn verteidigte die Österreichische Nationalbank, mit Hilfe aus London und Basel, den Goldwert des österreichischen Schillings erfolgreich und verzichtete auf Devisenkontrollen oder Moratorien. Somit gelang es ihr, die Panik zu beenden, und nur die weiteren Finanzkrisen in Deutschland und Großbritannien bewegten Österreich am Ende dazu, die eigene Goldkonvertibilität aufzugeben. Die gängige Geschichtsschreibung deutet die Krise jedoch häufig als Auslöser für die Weltwirtschaftskrise in Europa, da sie sich in Folge unzureichender internationaler Hilfe ausgebreitet habe.[42] Eine solche Darstellung macht die fehlende Kooperationsbereitschaft ausländischer Zentralbanken verantwortlich, welche

41 Archiv der Französischen Nationalbank, Paris: 4. Bruinsbericht vom 7. Oktober 1931, Réparations et Banque des règlements internationaux (BRI) – 5.2 Restauration des finances publiques des pays d'Europe centrale, 1930–1933, 1489200303 AR 162.

42 Barry Eichengreen: Die großen Crashs 1929 und 2008. Warum sich Geschichte wiederholt, München: FinanzBuch Verlag 2015, S. 166–184; Harold James: Schockmomente. Eine Weltgeschichte von Inflation und Globalisierung 1850 bis heute, Freiburg, Basel, Wien: Herder 2022, S. 203–206, 362.

ein Übergreifen der Krise von Wien nach Deutschland nicht verhinderten und unterstützt die österreichische Selbstauffassung als ein Opfer der Zwischenkriegszeit.[43]

Die Analyse der Bruinsberichte zeigt jedoch, dass die Krise durch internationale Zusammenarbeit bewältigt wurde und die finanziellen Probleme in Deutschland und Großbritannien andere Gründe hatten. Auch die Ursachen für den Zusammenbruch der Bodencreditanstalt lagen nicht im Ausland. Vielmehr reichte das Zusammenspiel einer über Jahre hinweg fehlerhaften Bankenpolitik und zunehmender politischer Unruhe, um die Bodencreditanstalt 1929 zu Fall zu bringen. Die daraus resultierenden Probleme, die auf die Credit-Anstalt übergingen, waren somit ebenfalls hausgemacht.[44] In keinem der beiden Fälle war Österreich Opfer gezielter ausländischer Kreditkürzungen oder anderer finanzieller Intrigen. Eine historisch präzise und vom Opfersyndrom befreite Leseart der Finanzkrise widerspricht der weitverbreiteten Legende eines globalen Dominoeffekts mit Beginn in Wien und zeigt, dass Österreich 1931 erfolgreich auf dem Parkett der internationalen Finanzdiplomatie agierte.

Die Darstellung der Credit-Anstalt Krise als fremdverschuldete Katastrophe anstatt eines erfolgreich bewältigten Kraftakts schiebt einen Teil der Verantwortung für die folgende Wirtschaftskrise in Österreich auf das Ausland. Nach Deutschland und den Vereinigten Staaten litt kein Land stärker unter der Großen Depression, die in Österreich länger andauerte als irgendwo sonst. Schuld daran war die konservative Geldpolitik der Regierung und Nationalbank, welche an einem starken Schilling festhielten.[45] Die Wirtschaftskrise verschärfte die politischen Gegensätze, und um sie zu über-

43 Charles P. Kindleberger: A Financial History of Western Europe, London: George Allen & Unwin 1985, S. 372.

44 Flora Macher: The Austrian banking crisis of 1931. A reassessment, in: Financial History Review, 25 (2018) 3, S. 297–321.

45 Nathan Marcus: Austria. The Toll of Economic Orthodoxy, in: Klaus Richter, Anca Mandru und Jasmin Nithammer (Hg.): The Great Depression in Eastern Europe, Budapest: Central European University Press 2025, S. 55–76.

winden, forderten führende Vertreter der Industrie sogar die Ausschaltung des Parlaments. 1934 mündete die Krise schließlich in einen Bürgerkrieg und die Errichtung der austrofaschistischen Diktatur unter Bundeskanzler Engelbert Dollfuß. Doch die kostspieligen Auswirkungen der Credit-Anstalt Krise, die den österreichischen Regierungen wertvollen Handlungsspielraum zur Behebung der wirtschaftlichen Misere nahmen und so zum Rechtsrutsch beitrugen, waren das Ergebnis österreichischer Finanz- und Bankenpolitik. Trotz der großen Erfolge bei der Stabilisierung von Währung und Staatshaushalt versagte die österreichische Demokratie letztlich an der Herausforderung, die eigenen wirtschaftlichen Probleme in einer Atmosphäre zunehmender politischer Spannungen in Einvernehmen zu lösen.

Wider dem Opfersyndrom

Das Schreiben der Geschichte wird stets durch die Gegenwart mitgeprägt. Historikerinnen und Historiker rekonstruieren die Vergangenheit zwar auf Grundlage historischer Quellen, doch bereits bei deren Auswahl und Bewertung fließen aktuelle Interessen und Diskurse mit ein – oft auch unbewusst. So kann es geschehen, dass bestimmte Narrative bevorzugt oder unhinterfragt übernommen werden, wenn sie mit dem dominanten Zeitgeist harmonieren. Dies kann sehr unauffällig geschehen, zum Beispiel durch eine bedeutungsvolle Wortwahl (Friedensdiktat statt Friedensvertrag) oder die Formulierung eines tonangebenden Untertitels. Nicht weniger wichtig ist jedoch, dass solche Geschichtsschreibung auch die Gegenwart beeinflusst. Unsere moralischen Werte, politischen Ideale und unsere grundsätzliche Weltauffassung sind durch die historischen Erfahrungen und deren Verarbeitung geprägt, und werden durch sie gerechtfertigt. Das Versagen, sich mit der eigenen Vergangenheit ehrlich auseinanderzusetzen, produziert daher auch eine Gegenwart, die von einem unaufrichtigen Verständnis der Vergangenheit geprägt bleibt. Es ist deshalb auch eine der Aufgaben von Historikerinnen und Historikern, herrschende Fehlvorstellungen der Gegenwart zu erkennen und durch eine Aufarbeitung der Vergangenheit richtigzustellen.

Österreich war nicht das einzige Land, das sich mit der Reflexion seiner Geschichte nach dem Zweiten Weltkrieg schwertat. In seinem 1987 publizierten Werk *Le Syndrome de Vichy* hob der Französische Historiker Henry Rousso die negativen Konsequenzen hervor, welche dadurch entstanden, dass Frankreich die Erinnerung an seine Kollaboration mit Nazideutschland kollektiv unterdrückte.[1] Die Präsidentschaft von Charles de Gaulle im Jahre 1958 ging

1 Henry Rousso: Vichy: Frankreich unter deutscher Besatzung 1940–1944, München: Beck 2009.

mit dem falschen Geschichtsbild einher, welches die Rolle der Résistance, also des französischen Widerstandes, idealisierte. Der Widerstand sei weit verbreitet gewesen, habe breite Zustimmung genossen und die Kollaboration sei eine Ausnahmeerscheinung gewesen. Anfangend mit den Pariser Studentenunruhen im Jahre 1968 und der Ausstrahlung von Marcel Ophüls Filmdokumentation *Le Chagrin et la Pitié* (1969), begannen Historiker und Historikerinnen schon, dieses Geschichtsbild zu revidieren und zeigten unter anderem, wie eifrig Vichy-Beamte Jagd auf „schlechte“ Franzosen gemacht hatten. Anhänger der rechtspopulistischen Front National (FN) reagierten gekränkt und weigerten sich, sich ehrlich mit dem Vermächtnis des Vichy-Regimes und seiner Mitverantwortung für Deportationen in die Vernichtungslager auseinanderzusetzen. Dies führte immer wieder zu hitzigen Debatten und Russo appellierte mit seinem Buch für einen ehrlicheren Umgang der Franzosen mit ihrer Geschichte, um die fortdauernde Spaltung der Nation zu überwinden.

Auch in Österreich hielten, zumindest bis zur Waldheimaffäre der 1980er Jahre, viele am Mythos fest, wonach Deutschland 1938 ihr Land besetzt und es damit zum ersten Opfer des Nationalsozialismus gemacht hatte.[2] Diese Auffassung half nach dem Zweiten Weltkrieg, den sozialen Frieden in der Zweiten Republik zu festigen, aber, anders als in Frankreich, betonte sie nicht etwa heroischen Widerstand, sondern schuldloses Opfersein. Dank der Arbeit einer ganzen Generation von österreichischen Historikerinnen und Historikern ist seither diese unhaltbare Opferthese mehrheitlich aus dem öffentlichen Diskurs verschwunden, auch wenn sie noch immer am rechten Rand der österreichischen Gesellschaft und Parteipolitik weiterleben mag. Aber seit Ende des Zweiten Weltkriegs beeinflusste der damals weitverbreitete Opfermythos auch die Gegenwart und damit auch die Geschichtsschreibung über die Zwi-

2 Heidemarie Uhl: Das „erste Opfer“. Der österreichische Opfermythos und seine Transformation in der Zweiten Republik, in: Österreichische Zeitschrift für Politikwissenschaft (2001/1), S. 19–34.

schenkriegszeit. So wie der Herr Karl die Erfahrungen der Hyperinflation und Arbeitslosigkeit mobilisierte, um seine Begeisterung bei Hitlers Einmarsch zu relativieren, war es auch anderen dienlich, das Österreich der 1920er Jahre als ein Opfer äußerer Einflüsse darzustellen. Vom Opferdiskurs gelenkt, interpretierten viele der hier untersuchten österreichischen Historiker – Historikerinnen waren bezeichnenderweise keine darunter – die Erste Republik als ein schwächliches Gebilde, welches, den Machenschaften der Siegernationen des Ersten Weltkriegs schutzlos ausgeliefert, sich wirtschaftlich nicht über Wasser halten konnte. Die Schuld an der zunehmenden Rivalität zwischen den politischen Parteien, welche zu Bürgerkrieg und Austrofaschismus führte, wurde dabei dem Friedensvertrag oder der Völkerbundintervention angelastet.[3] Selbst wenn Historiker eine Mitschuld Österreichs an den Nazi-Gräueln nicht in Frage stellten, bot ihre vom Opferdiskurs beeinflusste Zwischenkriegsgeschichte eine verständliche und willkommene Erklärung für Österreichs Kehrtwende zum Faschismus und damit auch für die Kollaboration vieler Österreicher mit dem Naziregime. Es wird daher kaum überraschen, dass Kurt Waldheim selber 1971 die „hoffnungslose" Zwischenkriegszeit Österreichs als einen „Kampf um die Existenz" deutete und alleinig die fehlende Weitsicht der Alliierten dafür verantwortlich machte.[4]

Wie die vorhergehenden Kapitel belegen, waren die finanziellen und wirtschaftlichen Krisen der Zwischenkriegszeit keineswegs Konsequenz einer unbesonnenen Machtpolitik der Siegermächte,

---

3 Heinz Fischer: Vorwort, in: Heinz Fischer (Hg.): 100 Jahre Republik, Meilensteine und Wendepunkte in Österreich 1918–2018, Wien: Czernin Verlag 2018, S. 7; Walter Göhring und Herbert Hasenmayer: Zeitgeschichte. Ein approbiertes Lehr- und Arbeitsbuch für Geschichte und Sozialkunde. Unter wissenschaftlicher Beratung von Ludwig Jedlicka, Wien: Verlag Ferdinand Hirt 1972, S. 55; Hugo Portisch und Sepp Riff: Österreich I. Die unterschätzte Republik: Ein Buch zur gleichnamigen Fernsehdokumentation, Wien: Kremayr & Scheriau 1989, S. 224.

4 Kurt Waldheim: Der Österreichische Weg. Aus der Isolation zur Neutralität, Wien: Molden 1971.

welche etwa Österreichs Politiker zu hilflosen Zeitzeugen der Geschehnisse gemacht hätte. Ursache der österreichischen Hyperinflation von 1921–1922 war das Versagen der eigenen Budget- und Geldpolitik, und die Währungsstabilisierung wiederum gelang erst durch den Einsatz ausländischer Regierungen und der Völkerbunddelegierten in Wien. Auch die anschließende Völkerbundkontrolle war kein aufgezwungener Fremdeingriff, sondern von der österreichischen Regierung erbeten und mit ihr koordiniert. Der Generalkommissar hatte keine weitreichenden Vorrechte, die österreichische Regierungen hielt sich nicht an ihre Vereinbarungen, und die Österreichische Nationalbank widersetzte sich wiederholt den Wünschen der Bank von England. Trotzdem schrieben Historiker von aufgezwungenen Opfern, von der Neutralisierung des Parlaments und der Regierung oder diffamierten den Generalkommissar als Finanzdiktator. Der Kollaps der Bodencreditanstalt im Jahre 1929 war eine direkte Folge der Bürgerkriegsängste und der zunehmenden politischen Gewalt nach dem Ende der Völkerbundkontrolle und wurde nicht durch die Weltwirtschaftskrise oder die Kündigung ausländischer Kredite ausgelöst. Und die darauffolgende Credit-Anstalt-Krise war nicht etwa der Gipfelpunkt österreichischer Hilfslosigkeit infolge wirtschaftlicher Knechtung und Gleichgültigkeit der Siegermächte. Ihre Bewältigung war ein Beispiel gelungener Zusammenarbeit zwischen der Österreichischen Nationalbank und anderen Zentralbanken, denen es gelang, die Panik erfolgreich zu beenden und damit Österreichs Austritt aus dem Goldstandard fürs Erste zu verhindern. Erst spätere und größere Probleme in Deutschland und Großbritannien erschütterten das Vertrauen in die internationalen Finanzmärkte.[5] Dass die Zwischenkriegszeit dennoch als eine Epoche unverschuldeter Hilflosigkeit präsentiert wurde, lässt sich am besten durch das Opfersyndrom erklären, welches, den Opfermythos stärkend, das Land und seine Regierungen als gegenüber äußeren, aufgezwungenen Um-

---

5 Nathan Marcus: Austrian Reconstruction and the Collapse of Global Finance, 1921–1931, Cambridge, Mass.: Harvard University Press 2018, S. 329–331.

ständen machtlos erscheinen ließ. Tatsächlich aber hatten die Regierungen die Geschicke des Landes aktiv gelenkt, und dies teilweise, man darf es sagen, mit beeindruckendem Erfolg.

Mit seinem Einfluss auf die Gegenwart verzerrt das Opfersyndrom mehr als nur das österreichische Geschichtsverständnis der Zwischenkriegszeit. Es stärkt auch einen noch immer bestehenden Opferdiskurs, der in Teilen der österreichischen Bevölkerung weit verbreitet scheint. *Zeit Campus Online* titelte aus Anlass der österreichischen Nationalratswahlen im Jahr 2019: „Die Österreicher sehen sich sowieso immer als Opfer.“[6] Der amerikanisch-österreichische Journalist Matthew Karnitschnig schrieb fünf Jahre später sogar, der Opfermythos sei ein Leitmotiv der österreichischen Boulevardpresse, welche ihrer Leserschaft regelmäßig suggeriere, von fremden Mächten, vor allem aus Brüssel und Washington, untergraben zu werden.[7] Das erinnert an die Karikaturen der Zwischenkriegszeit, welche Bundeskanzler Seipel als gedemütigten Verlierer der Genfer Verhandlungen präsentierten und die populäre Ansicht widerspiegelten, die Schuld für Österreichs Wirtschaftsmisere liege bei den Siegermächten, die am Überleben Österreichs nicht interessiert seien. Ob es sich beim Opfersyndrom sogar um eine österreichische Konstante oder Eigenart handeln mag, kann hier nicht festgestellt werden. Sicherlich existieren ähnliche Phänomene auch in anderen Ländern. Allerdings wies der Historiker Hellmut Andics darauf hin, dass Wien nie wirklich freie Reichsstadt, sondern immer Residenzstadt gewesen war und die Wiener daher stets Untertanen blieben, denen ein selbstsicheres Eigenbewusstsein fehlt.[8] Auch herrschte in der Doppelmonarchie, in der das

6 Constanze Kainz und David Gutensohn: Die Österreicher sehen sich sowieso immer als Opfer, in: Zeit Campus Online, 29. September 2019, online: https://www.zeit.de/campus/2019-09/nationalratswahl-oesterreich-regierung-ibiza-affaere-parteien-jugend (1. Juni 2025).

7 Matthew Karnitschnig: Putin exposes the myth of Austria's victimhood, in: Politico, 18. September 2023, online: https://www.politico.eu/article/its-time-to-end-austrias-gemutlichkeit (1. Juni 2025).

8 Hellmut Andics: Der Staat, den keiner wollte. Österreich von der Gründung

allgemeine Wahlrecht für Männer erst 1907 eingeführt wurde, eine Gesellschaftsordnung, welche hierarchischer und ungleicher war als in vielen anderen Ländern Europas.[9] Das Opfersyndrom, also die manipulative Selbstinszenierung als Leidtragende mächtiger Herrschaften oder widriger Umstände, war stets eine Taktik der Schutzlosen oder derer, die sich selbst als schutzlos verstanden. In Österreich teilen heute insbesondere die Wählerinnen und Wähler der Freiheitlichen Partei Österreichs (FPÖ) eine kollektive Opferidentität, welche zu den Wahlerfolgen dieser Partei maßgeblich beizutragen scheint.

Ähnlich wie in anderen Ländern auch hatte die COVID-19-Pandemie in Österreich Proteste gegen die Gesundheitsvorschriften sowie Verschwörungstheorien bei Impfgegnern hervorgerufen. Am FPÖ-Neujahrstreffen in Vösendorf im Januar 2024 versprach daher FPÖ-Kanzlerkandidat Herbert Kickl, die Verantwortlichen der „Corona-Diktatur" zu stellen, wofür er lauten Beifall erntete.[10] Und wie der in Wien lebende Journalist Liam Hoare berichtete, wählten am Ende 52 Prozent der Österreicher, welche die COVID-19-Pandemie als ein einschneidendes Erlebnis empfunden hatten, bei den Nationalratswahlen im September die FPÖ. Die Partei war also bei den Impfskeptikern besonders beliebt und erzielte ihre besten Ergebnisse in den Gegenden mit den tiefsten Impfquoten (Oberkärnten, Innviertel, Teile des Mühlviertels).[11] FPÖ-Wähler, noch immer erbost über Lockdowns, glaubten auch weiterhin an konspirative Impfschädigungstheorien und positionierten sich als Opfer der

der Republik bis zur Moskauer Deklaration, Wien: Molden-Taschenbuch-Verlag 1976, S. 97.

9 In Frankreich wurde das allgemeine Wahlrecht für Männer bereits 1848 eingeführt, in Preußen 1871.

10 Gernot Bauer: Blau-schwarze Koalitionsverhandlungen: Wird Corona ein „Dealbreaker"?, in: profil, 24. Januar 2025, online: https://www.profil.at/oesterreich/oevp-fpoe-koalitionsverhandlungen-eu-corona-kickl/403002544 (1. Juni 2025).

11 Liam Hoare: The Long Pandemic, in: The Vienna Briefing, 9. Oktober 2024, online: https://viennabriefing.substack.com/p/covid-19-coronavirus-pandemic-fpoe-austria-election (1. Juni 2025).

staatlichen Gesundheitsbehörden und der Weltgesundheitsorganisation. Die folgenden Koalitionsverhandlungen zwischen FPÖ und der Österreichischen Volkspartei (ÖVP) scheiterten aber nicht nur an der Pandemie-Aufarbeitung oder an der Verteilung der Ministerien und Fragen der Europa- und Außenpolitik. Die FPÖ war auch gegen das von der ÖVP geplante österreichische Holocaustmuseum, verlangte ein Überdenken des Aufbaus und Inhalts des Museums *Haus der Geschichte Österreichs* und stieß sich an der von ÖVP-Bundeskanzler Sebastian Kurz festgesetzten Staatsraison einer historischen Verantwortung für Israel.[12] Die Weigerung der FPÖ und ihrer Wählerinnen und Wähler aus der Geschichte zu lernen, sich mit ihr auseinanderzusetzten und für sie Verantwortung zu übernehmen, ist Resultat ihrer kollektiven Selbstwahrnehmung als Opfer, welche sonst infrage gestellt würde

Es geht nicht darum, dass Österreicherinnen und Österreicher Verantwortung für Taten übernehmen sollen, welche lange vor ihrer Geburt begangen wurden. Dafür tragen sie keine persönliche Schuld. Ihre Verantwortung liegt vielmehr darin, sich der Geschichte mit offenen Augen zu stellen. Nicht nur den Opfermythos in Frage zu stellen, sondern auch die Darstellung der Ersten Republik als Opfer der Nachkriegsordnung in der Zwischenkriegszeit. Denn wer sich einmal als Opfer begreift, läuft Gefahr, dauerhaft in dieser Rolle zu verharren. Nicht nur, weil sich daraus ein Reflex entwickelt, mit dem alles verstanden und erklärt wird, sondern auch, weil eine vom Opfersyndrom geprägte Welt nur zwei Rollen kennt: Schwache Opfer und starke Unterdrücker. Eine solche dichotomische Weltauffassung reduziert die komplexe Realität auf ein einfaches Erklärungsmuster, dem zufolge man stets das Opfer sein muss, um als solches anerkannt zu bleiben. Wissenschaftliche Untersuchungen belegen aber, dass bereits die Selbstwahrnehmung als Opfer die Wahrscheinlichkeit erhöht, selbst zum Täter zu werden, weil sie

12 Liam Hoare: Accounting For The Past, in: The Vienna Briefing, 30. April 2025, online: https://viennabriefing.substack.com/p/austrian-holocaust-museum-proposal (1. Juni 2025).

das Empathievermögen mindert, Schuld nach außen verlagert und moralische Verantwortung relativiert.[13]

Nicht nur „Der Herr Karl“ wurde in Österreich vom Opfersyndrom befallen. Als eine kollektive Neigung, Verantwortung abzuwehren, Schuld zu externalisieren und sich selbst als Leidtragende historischer Umstände zu inszenieren, lebt das Syndrom weiter. Die Tendenz, sich als Opfer zu präsentieren, beschönigt zwar das eigene Verhalten und erzeugt vielleicht augenblickliche Sympathie beim Gegenüber, verhindert aber eine konstruktive und erfolgreiche Auseinandersetzung mit den wahren Herausforderungen der Gegenwart. Zum Glück ist das Opfersyndrom aber letzten Endes ein kulturelles und psychologisches Muster – und damit auch veränderbar. Um es zu überwinden, ist es allerdings erforderlich, sich als die wahren Protagonisten der eigenen Geschichte und nicht als das Opfer anderer zu begreifen. Nicht als Spielball äußerer Umstände, sondern als die wichtigsten aktiven Gestalter der eigenen Vergangenheit, Gegenwart und Zukunft. Österreicherinnen und Österreicher tun daher gut daran, auch die Sicht auf ihr Land in der Zwischenkriegszeit zu ändern, diese und ihre eigene Familiengeschichte nicht als eine Zeit der Ohnmacht zu verstehen, sondern als eine Epoche, in der die wichtigsten Entscheidungen maßgeblich von Österreichinnern und Österreichern selbst geprägt wurden. Dies ist es letztlich, was sie aus der Zwischenkriegszeit mit Hilfe dieses Buches lernen können.

---

13 Scott Barry Kaufman: Unraveling the Mindset of Victimhood, in: Scientific American, 29. Juni 2020, online: https://www.scientificamerican.com/article/unraveling-the-mindset-of-victimhood/ (30. Juni 2025).

Quellen- und Literaturverzeichnis

Archive

Archiv der Österreichischen Nationalbank, Wien
Protokolle der Generalratssitzungen

Archiv der Republik (AdR), Österreichisches Staatsarchiv (OeStA), Wien
Bundeskanzleramt, Ministerratsprotokolle
Bundesministerium für Finanzen, Departement 17 / Frieden
Auswärtige Angelegenheiten, Bundeskanzleramt-AA, Neues Politisches Archiv

Bundespolizeidirektion / Amtsbibliothek, Wien
Juliereignisse 1927, Karton 2

Verein für Geschichte der Arbeiterbewegung, Wien
Parteiarchiv der Sozialdemokratischen Partei Österreichs vor 1934, Mappe 4

Archiv der Bank von England, London
Sir Otto Niemeyer's files. Austria National Bank, OV/9/384
Sir Otto Niemeyer's files. Austria 1925, OV/9/391
Oesterreichische Nationalbank, OV/28/29
Oesterreichische Nationalbank, OV/28/30
Oesterreichische Nationalbank, OV/28/33
Austrian (Rehabilitation), OV/28/53

Britisches Nationalarchiv, London
T (Treasury) 160
FO (Foreign Office) 371

Rothschildarchiv, London
Special Correspondence re Austria (Loan), 1921–1922, XI/III/189

Archiv der Französischen Nationalbank, Paris
Réparations et Banque des règlements internationaux (BRI) – 5.2 Restauration

des finances publiques des pays d'Europe centrale, 1930–1933, 1489200303 AR 162

Völkerbundarchiv, Genf

League of Nations Secretariat – Economic and Financial Section – Section files – Miscellaneous – International Credits-Economic situation in Austria, 1921

League of Nations Secretariat – Economic and Financial Section – Section files – Files of Sir James Arthur Salter

League of Nations Secretariat – Economic and Financial Section – Registry files (1919–1927) – Economic and Financial Section – General – Provisional Economic and Financial Commission – Finance Section

League of Nations Secretariat – Economic and Financial Section – Registry files (1929–1932) – Finance – Austria –General – Financial restoration of Austria

League of Nations External Fonds – Financial Reconstruction of Austria (Office of the Commissioner General at Vienna).

League of Nations Official Documents – Economic and Financial Organization – Provisional Economic and Financial Commission

J. P. Morgan Archiv, New York

Vincent P. Carosso Papers, Morgan & Co. – Foreign Loans, Austria, ARC 1214, Karton 16

Periodika

Arbeiterzeitung

Bundesgesetzblatt für die Republik Österreich

Der Österreichische Volkswirt

Monatsberichte des österreichischen Instituts für Konjunkturforschung

Neue Freie Presse

Neues 8 Uhr-Blatt

Reichspost

Société des Nations. Journal Officiel

Sekundärliteratur

Achs, Oskar / Tesar, Eva / Scheuch, Manfred: Gestern – heute – morgen. Aus Geschichte lernen. Nach dem Lehrplan 2004. Das 20. Jahrhundert, Wien: Österreichischer Bundesverlag 2005.

Andics, Hellmut: Der Staat, den keiner wollte. Österreich von der Gründung der Republik bis zur Moskauer Deklaration, Wien: Molden-Taschenbuch-Verlag 1976.

Auer, Johann: Zwei Aufenthalte Hitlers in Wien, in: Vierteljahrshefte für Zeitgeschichte, 14 (1966) 2, S. 207–208.

Ausch, Karl: Als die Banken fielen, Wien / Frankfurt: Europa Verlag 1968.

Bauer, Gernot: Blau-schwarze Koalitionsverhandlungen. Wird Corona ein „Dealbreaker"?, in: profil, 24. Januar 2025, online: https://www.profil.at/oesterreich/oevp-fpoe-koalitionsverhandlungen-eu-corona-kickl/403002544 (1. Juni 2025).

Benedikt, Heinrich: Geschichte der Republik Österreich, München: Oldenbourg 1954.

Berger, Franz / Schausberger, Norbert: Zeiten, Völker und Kulturen. Geschichte des 20. Jahrhunderts. Lehrbuch der Geschichte und Sozialkunde für die Oberstufe der allgemeinbildenden höheren Schulen, Wien: Österreichischer Bundesverlag für Unterricht, Wissenschaft und Kunst 1972.

Brzobohaty, Johannes u. a.: Zeitfenster. Geschichte und Sozialkunde/Politische Bildung für die 7. Klasse AHS. (2. Aufl.), Wien: Ed. Hölzel 2013.

Bundesamt für Statistik: Statistische Nachrichten. Sonderheft. Wahlstatistik. Nationalratswahlen vom 24. April 1927. Einzeldarstellung nach Gemeinden und Geschlecht, Wien: Ueberreuter 1927.

Eichengreen, Barry: Die großen Crashs 1929 und 2008. Warum sich Geschichte wiederholt, München: FinanzBuch Verlag 2015.

Eigner, Peter / Melichar, Peter: Das Ende der Boden-Credit-Anstalt 1929 und die Rolle Rudolf Siegharts, in: Österreichische Zeitschrift für Geschichtswissenschaften, 19 (2008) 3, S. 56–114.

Fischer, Heinz: Vorwort, in: Ders. (Hg): 100 Jahre Republik, Meilensteine und Wendepunkte in Österreich 1918–2018, Wien: Czernin Verlag 2018.

Göhring, Walter / Hasenmayer, Herbert: Zeitgeschichte. Ein approbiertes Lehr- und Arbeitsbuch für Geschichte und Sozialkunde. Unter wissenschaftlicher Beratung von Ludwig Jedlicka, Wien: Verlag Ferdinand Hirt 1972.

Goldinger, Walter: Der geschichtliche Ablauf der Ereignisse in Österreich von 1918 bis 1945, in: Heinrich Benedikt (Hg.): Geschichte der Republik Österreich, München: Oldenbourg 1954, S. 15–288.

Hanisch, Ernst: Einleitung. Das politische System Erste Republik. Zwei Erklärungsmodelle, in: Emmerich Talos u. a. (Hg.): Handbuch des politischen Systems Österreichs. Erste Republik 1918–1933, Wien: Manz Verlag 1995, S. 1–7.

Hanisch, Ernst: Der Lange Schatten des Staates. Österreichische Gesellschaftsgeschichte im 20. Jahrhundert, Wien: Ueberreuter 2005.

Heilsberg, Franz / Korger, Friedrich: Lehrbuch der Geschichte für dic Oberstufe der Mittelschulen. Allgemeine Geschichte der Neuzeit von der Mitte des 19. Jahrhunderts bis zur Gegenwart, Wien: Verlag Hölder-Pichler-Tempsky, Verlag Ed. Hölzel, Österreichischer Bundesverlag 1956.

Hinner, Alois u. a.: Vaterlandskunde. Geschichte, Geographie und Bürgerkunde Österreichs für die achte Klasse der Mittelschulen, Wien: Hölder-Pichler-Tempsky 1938.

Hoare, Liam: The Long Pandemic, in: The Vienna Briefing, 9. Oktober 2024, online: https://viennabriefing.substack.com/p/covid-19-coronavirus-pandemic-fpoe-austria-election (1. Juni 2025).

Hoare, Liam: Accounting For The Past, in: The Vienna Briefing, 30. April 2025, online: https://viennabriefing.substack.com/p/austrian-holocaust-museum-proposal?utm_source=publication-search (1. Juni 2025).

James, Harold: Schockmomente. Eine Weltgeschichte von Inflation und Globalisierung 1850 bis heute, Freiburg / Basel / Wien: Herder 2022.

Jobst, Clemens / Kernbauer, Hans: Die Bank. Das Geld. Der Staat. Nationalbank und Währungspolitik in Österreich 1816–2016, Frankfurt am Main: Campus Verlag 2016.

Kainz, Constanze / Gutensohn, David: Die Österreicher sehen sich sowieso immer als Opfer, in: Zeit Campus Online, 29. September 2019, online: https://www.zeit.de/campus/2019-09/nationalratswahl-oesterreich-regierung-ibiza-affaere-parteien-jugend (1. Juni 2025).

Kaufman, Scott Barry: Unraveling the Mindset of Victimhood, in: Scientific American, 29. Juni 2020, online: https://www.scientificamerican.com/article/unraveling-the-mindset-of-victimhood (30. Juni 2025).

Kausel, Anton / Nemschak, Franz / Seidl, Hans: Österreichs Volkseinkommen 1913 bis 1963 (Monatsberichte des österreichischen Institutes für Wirtschaftsforschung, 14. Sonderheft), Wien: 1965.

Karner, Stefan / Mikoletzky, Lorenz: Österreich. 90 Jahre Republik. Beitragsband der Ausstellung im Parlament, Innsbruck / Wien / Bozen: StudienVerlag 2009.

Karnitschnig, Matthew: Putin exposes the myth of Austria's victimhood, in: Politico, 18. September 2023, online: https://www.politico.eu/article/its-time-to-end-austrias-gemutlichkeit (1. Juni 2025).

Kernbauer, Hans: Währungspolitik in der Zwischenkriegszeit. Geschichte der österreichischen Nationalbank von 1923 bis 1938, Wien: Österreichische Nationalbank 1991.

Kindleberger, Charles P.: A Financial History of Western Europe, London: George Allen & Unwin 1985.

Klaus, Josef: 50 Jahre Republik Österreich, in: Institut für Österreichkunde (Hg.): 1918–1968. Österreich – 50 Jahre Republik, Wien: Verlag Ferdinand Hirt 1968.

Klemperer, Klemens von: Ignaz Seipel. Christian statesman in a time of crisis, Princeton, N.J.: Princeton University Press 1972, S. 197.

Kumsteller, Bernhard / Haacke, Ulrich / Schneider, Benno: Geschichtsbuch für die deutsche Jugend, Leipzig: Verlag von Quelle & Meyer 1943.

Macher, Flora: The Austrian banking crisis of 1931. A reassessment, in: Financial History Review, 25 (2018) 3, S. 297–321.

Magistratsabteilung für Statistik: Statistisches Jahrbuch der Stadt Wien 1929, Wien: 1930.

Marcus, Nathan: Why Financial Crises Give Birth to Legends, in: Books and Ideas, 31 August 2012, online: https://booksandideas.net/Why-Financial-Crises-Give-Birth-to (1. Juni 2025).

Marcus, Nathan: Les conseillers étrangers à la Banque nationale d'Autriche 1923–1929, in: Contrôle ou coopération? Histoire, économie et société, 35 (2016) 4, S. 8–20.

Marcus, Nathan: Hyperinflation as a catalyst of transformations. Path dependence through accelerated dynamics in post-First World War Austria, in: European Review of History: Revue Européenne d'histoire, 23 (2016) 4, S. 595–609.

Marcus, Nathan: Austrian Reconstruction and the Collapse of Global Finance, 1921–1931, Cambridge, Mass.: Harvard University Press 2018.

Marcus, Nathan: Austria, the League of Nations, and the Birth of Multilateral Financial Control, in: Peter Becker / Natasha Wheatley (Hg.): Remaking Central Europe. The League of Nations and the Former Habsburg Lands, Oxford: Oxford University Press 2020, S. 127–144.

Marcus, Nathan: Austria. The Toll of Economic Orthodoxy, in: Klaus Richter / Anca Mandru / Jasmin Nithammer (Hg.): The Great Depression in Eastern Europe, Budapest: Central European University Press 2025, S. 55–76.

Matis, Herbert: Der Schilling – ein wirtschaftshistorischer Rückblick, in: Klaus Liebscher und Wilfried Seipel (Hg.): Vom Schilling zum Euro. Kontinuität und Stabilität, Milano: Skira 2002, S. 17–30.

Matis, Herbert: Die Creditanstalt. Erinnerung an eine österreichische Bank. Nachwort des Herausgebers in: Fritz Weber: Vor dem großen Krach. Österreichs

Banken in der Zwischenkriegszeit am Beispiel der Credit-Anstalt für Handel und Gewerbe, Wien: Böhlau 2016, S. 572–592.

Melichar, Franz u. a.: GO! Geschichte Oberstufe 7, Wien: E. Dorner, Westermann 2018.

Merz, Carl / Qualtinger, Helmut: Der Herr Karl, München: Langen-Müller 1962.

Müller, Walter / Seidl, Conrad: Warum Wähler die FPÖ mögen, in: Der Standard, 20. Mai 2024, online: https://www.derstandard.at/story/3000000220634/warum-w228hler-die-fp214-m246gen (1. Juni 2025).

Nautz, Jürgen: Between Political Disintegration and Economic Reintegration. Austrian Trade Relations with the Successor States after World War I, in: David F. Good (Hg.): Economic Transformations in East and Central Europe. Legacies from the Past and Policies for the Future, London / New York: Routledge 2004, S. 261–276.

Pelinka, Anton: Die gescheiterte Republik, Wien: Böhlau 2017.

Portisch, Hugo / Sepp Riff: Österreich I. Die unterschätzte Republik. Ein Buch zur gleichnamigen Fernsehdokumentation, Wien: Kremayr & Scheriau 1989.

Renner, Karl: Österreich von der ersten zur zweiten Republik, Wien: Verlag der Wiener Volksbuchhandlung 1953.

Rousso, Henry: Vichy. Frankreich unter deutscher Besatzung 1940–1944, München: Beck 2009.

Sandgruber, Roman: Ökonomie und Politik. Österreichische Wirtschaftsgeschichte vom Mittelalter bis zur Gegenwart, Wien: Überreuter 1995.

Sargent, Thomas: The Ends of Four Big Inflations, in: Robert E. Hall (Hg.): Causes and Effects, Chicago: University of Chicago Press 2009, S. 41–97.

Schausberger, Norbert: Österreich und die Friedenskonferenz. Zum Problem der Lebensfähigkeit Österreichs nach 1918, in: Isabella Ackerl / Rudolf Neck (Hg.): Saint-Germain 1919, München: Oldenbourg 1989, S. 229–263.

Scheucher, Alois u. a.: Zeitbilder. Geschichte und Sozialkunde 7. Von Beginn des Industriezeitalters bis zum Zweiten Weltkrieg, Wien: ÖBV Pädagogischer Verlag 1995.

Schönhärl, Korinna: Finanziers in Sehnsuchtsträumen. Europäische Banken und Griechenland im 19. Jahrhundert, Göttingen: Vandenhoeck & Ruprecht 2017.

Schubert, Aurel: The Credit-Anstalt Crisis of 1931, Cambridge: Cambridge University Press 1991.

Schröder, Heinrich: Die österreichische Währung von 1918 bis 1968, in: Institut für Österreichkunde (Hg.): 1918–1968. Österreich – 50 Jahre Republik, Wien: Verlag Ferdinand Hirt 1968.

Stiefel, Dieter: Arbeitslosigkeit. Soziale, politische und wirtschaftliche Auswirkungen am Beispiel Österreichs 1918–1931, Wien: Duncker & Humblot 1979.

Stiefel, Dieter: Finanzdiplomatie und Weltwirtschaftskrise. Die Krise der Credit-Anstalt für Handel und Gewerbe 1931, Frankfurt am Main: F. Knapp 1989, S. 78.

Suppan, Arnold: Jugoslawien und Österreich 1918–1938. Bilaterale Außenpolitik im europäischen Umfeld (Veröffentlichungen des österreichischen Ost- und Südosteuropa-Instituts XIV), Wien: Verlag für Geschichte und Politik 1996.

Uhl, Heidemarie: Das „erste Opfer". Der österreichische Opfermythos und seine Transformation in der Zweiten Republik, in: Österreichische Zeitschrift für Politikwissenschaft (2001/1), S. 19–34.

Wagner, Wilhelm J.: Bildatlas der österreichischen Zeitgeschichte 1918–1938, Wien: Böhlau 2007.

Waldheim, Kurt: Der Österreichische Weg. Aus der Isolation zur Neutralität, Wien: Molden 1971.

Walré de Bordes, Jan van: The Austrian Crown. Its Depreciation and Stabilization, London: P. S. King 1924.

Weber, Fritz: Die Weltwirtschaft und das Ende der Demokratie in Österreich, in: Erich Frösch (Hg.): Der 4. März 1933. Vom Verfassungsbruch zur Diktatur, Wien: Verlag der Wiener Volksbuchhandlung 1984, S. 37–67.

Weber, Fritz: Vor dem großen Krach. Österreichs Banken in der Zwischenkriegszeit am Beispiel der Credit-Anstalt für Handel und Gewerbe, Wien: Böhlau 2016.

Weissensteiner, Friedrich: Der ungeliebte Staat. Österreich zwischen 1918 und 1938, Wien: ÖBV 1990.

Zimmel, Bruno / Bundesministerium für Handel und Wiederaufbau: 100 Jahre im Dienste der Wirtschaft, Band 1, Wien: Bundesministerium für Handel und Wiederaufbau 1961.